职业教育·城市轨道交通类专业教材

U0649091

城市轨道交通
行车安全心理学
（含实训工作页）

徐胜南　李坤妃　主　编
李　桃　副主编
徐海涛　主　审

人民交通出版社股份有限公司
北　京

内 容 提 要

本教材为职业教育城市轨道交通类专业教材。其主要内容包括认识城市轨道交通行车安全、走近城市轨道交通行车安全心理学、心理过程与城市轨道交通行车安全、个性心理特征与城市轨道交通行车安全、群体心理与城市轨道交通行车安全、城市轨道交通不安全行车行为与心理、城市轨道交通行车安全心理调适、城市轨道交通行车安全心理教育与原理、行车安全心理健康档案。

本教材采用活页式、工作手册式编写模式，充分体现校企合作，全面落实课程思政要求，从企业岗位需求和教学实践的角度出发，精心设计了八个教学模块，将心理学知识与城市轨道交通行车安全教育有机融合。

本教材可作为职业院校城市轨道交通类相关专业教材，也可作为从业人员培训教材，供相关行业人员参考。

＊**本教材配套有丰富助学助教资源，包括 PPT 课件、课程标准、实训工单等，任课教师可通过加入"职教轨道教学研讨群"（教师专用 QQ 群号：129327355）获取。**

图书在版编目（CIP）数据

城市轨道交通行车安全心理学：含实训工作页／徐胜南，李坤妃主编. —— 北京 ：人民交通出版社股份有限公司，2022.5

ISBN 978-7-114-17903-7

Ⅰ.①城… Ⅱ.①徐…②李… Ⅲ.①城市铁路—轨道交通—行车安全—安全心理学—高等职业教育—教材

Ⅳ.①U298.1-05

中国版本图书馆 CIP 数据核字（2022）第 054417 号

职业教育·城市轨道交通类专业教材
Chengshi Guidao Jiaotong Xingche Anquan Xinlixue(Han Shixun Gongzuoye)
书　　　名：**城市轨道交通行车安全心理学（含实训工作页）**
著 作 者：徐胜南　李坤妃
责 任 编 辑：杨　思
责 任 校 对：席少楠
责 任 印 制：刘高彤
出 版 发 行：人民交通出版社股份有限公司
地　　　址：（100011）北京市朝阳区安定门外外馆斜街 3 号
网　　　址：http://www.ccpcl.com.cn
销 售 电 话：（010）59757973
总 经 销：人民交通出版社股份有限公司发行部
经　　　销：各地新华书店
印　　　刷：北京武英文博科技有限公司
开　　　本：787×1092　1/16
印　　　张：13.5
字　　　数：312 千
版　　　次：2022 年 5 月　第 1 版
印　　　次：2024 年 2 月　第 4 次印刷
书　　　号：ISBN 978-7-114-17903-7
定　　　价：42.00 元
（有印刷、装订质量问题的图书由本公司负责调换）

前　言

　　城市轨道交通行车安全心理学为城市轨道交通车辆技术专业的拓展课程。该课程在介绍了城市轨道交通行车安全心理的基础知识和基本理论的前提下,结合城市轨道交通行车岗位的职责和要求,从心理学角度分析在行车作业中出现不安全行为的成因,以及如何加强行车安全教育,管理和提升行车作业人员的心理健康水平,为学生毕业后能够从事相关工作打下坚实的基础。

　　伴随着我国经济的快速发展,城市轨道交通步入了高速发展时期。在国家"十四五"规划的 100 个重大项目中,明确新增城市轨道交通运营里程约3000km。在城市轨道交通运行中,保障行车安全是重中之重。从系统论的观点出发,与行车安全有关的因素可以划分为人、设备、环境和管理四类,而其中人无疑是主导因素。从心理学的角度研究和分析行车作业行为和管理,对于保障城市轨道交通行车安全具有重要的意义。

　　《城市轨道交通行车安全心理学》是编者根据教育部的要求,进一步认真学习领会最新职业教育文件精神,结合当前中等、高等职业教育发展和城市轨道交通行业发展的实际情况编写的教材。教材编写组在北京地铁、京港地铁、广州地铁和杭州地铁等行业企业的支持下,充分调研了城市轨道交通行车安全乘务员等相关岗位要求,写成了这本以案例教学为主线,体现职教特色的教材。

　　本教材共分为八个模块,主要介绍了八个方面的知识和技能:

　　(1)认识城市轨道交通行车安全。

　　(2)走近城市轨道交通行车安全心理学。

　　(3)心理过程与城市轨道交通行车安全。

　　(4)个性心理特征与城市轨道交通行车安全。

　　(5)群体心理与城市轨道交通行车安全。

　　(6)城市轨道交通不安全行车行为与心理。

（7）城市轨道交通行车安全心理调适。

（8）城市轨道交通行车安全心理教育与原理。

在教材编写过程中，编写组结合职业教育实际，秉持"以学生为中心""做中学，做中教"的职业教育理念，结合丰富多彩的教学案例，以模块化教学和案例教学为特色，注重学以致用。教材内容基于城市轨道交通乘务员岗位行车安全的技能要求，有机融入课程思政、职业精神、榜样力量、安全心理健康教育等。在每个教学项目结束后，设有实训及课后交流，便于及时检查学生学习效果，另外，还通过小贴士进行相关知识拓展，以提升学生的认识水平。教材编排形式活泼，采用"双版心"设计，便于学生笔记，提升教材实用性。

本教材由北京市自动化工程学校徐胜南、李坤妃担任主编，北京交通运输职业学院李桃担任副主编，参加编写的还有北京交通运输职业学院丁楠，北京市商业学校张静和北京市自动化工程学校张莹、李英。具体编写分工如下：徐胜南负责本教材编写思路与大纲的总体策划，编写模块五，并指导全书的编写、统稿和校对；李坤妃负责编写模块一；张莹负责编写模块二；李桃负责编写模块三、模块四；李英负责编写模块六；丁楠负责编写模块七；张静负责编写模块八。北京京港地铁有限公司徐海涛担任主审。

教材依托城市轨道交通专业数字化资源库，配套丰富教学资源。该资源库由全国交通运输职业教育教学指导委员会城市轨道交通专业指导委员会与人民交通出版社股份有限公司共同立项，主要面向城市轨道交通专业方向的院校和教师。该资源库包括"城市轨道交通行车安全心理"关键知识点的数字化教学资源，包括课程标准、案例、教案、课件、知识树与题库等。

教材在编写过程中，参考了大量专业书籍、文献资料和网络资料，在此向所有的作者表示衷心的感谢。同时，向人民交通出版社股份有限公司为教材出版和配套工作所付出的努力表示感谢。

由于编者水平有限，加之时间仓促，书中难免有纰漏和不妥之处，希望有关院校师生及读者对本教材多提宝贵意见，以便今后修订完善。

编　者

2021 年 12 月

数字拓展资源

    为便于各位同学更好地学习并掌握城市轨道交通行车安全心理学知识，本教材配套了以下"可听、可视"的生动数字拓展资源，欢迎各位同学扫描二维码观看，开展自主学习。

序号	资 源 名 称	二 维 码
1	认知列车车厢全景	
2	认知司机室全景	
3	认知车辆段检修库及列检环境	
4	列车清客操作程序	
5	列车在正线脱轨的应急处理	
6	轨道交通发生水灾时司机的应急处理措施	
7	火灾事件应急处理	
8	大风天气的列车应急运行操作	
9	雨天的列车运行应急预案	
10	雪天的列车应急运行操作要求	

目　录

城市轨道交通行车安全心理学(含实训工作页)

CHENGSHI GUIDAO JIAOTONG XINGCHE ANQUAN XINLIXUE (HAN SHIXUN GONGZOUYE)

认识城市轨道交通行车安全

◎ 学习目标

1. 掌握城市轨道交通行车安全的含义及重要性。
2. 理解影响城市轨道交通行车安全的主要因素。
3. 了解城市轨道交通行车事故的基本概念。
4. 理解城市轨道交通行车事故致因。

✿ 内容结构

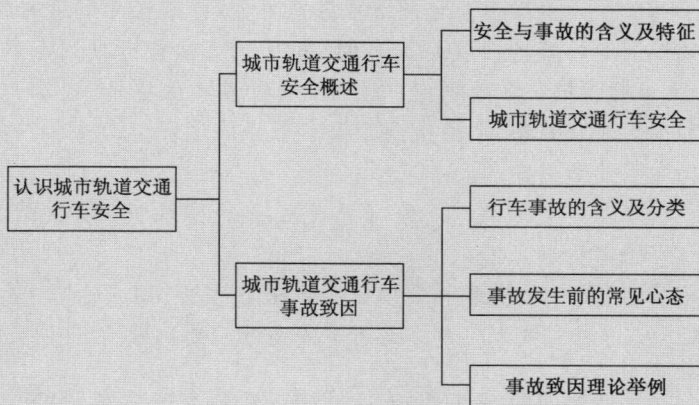

✖ 参考学时

4 学时。

案例 1-1 北京地铁司机廖明安全行驶100万公里 创世界纪录

2016 年 3 月 18 日讯,随着地铁 13 号线列车的平稳进站,司机廖明(图 1-1)从容走出司机室。半年前接受记者采访时,廖明也是这样面带微笑地走上站台,那是他创造全国安全行驶里程 98 万公里最高纪录的日子。现在,他又将这一数字刷新到 100 万公里——这是世界范围内安全驾驶地铁列车里程的最高纪录。

■ 图 1-1
北京地铁司机廖明

自 1988 年 5 月 24 日廖明第一次开始独立驾驶列车,截至目前已安全行车超过 25000 小时,即 1500000 分钟。手动驾驶安全行车百万公里无事故的世界纪录,就是在这一时间段内实现的。100 万公里是什么概念呢?它相当于绕地球赤道近 25 圈。而地铁安全行车标准十分严苛,达到这一标准意味着在廖师傅驾驶列车的近 30 年中,从未出现过"车门未关严列车启动""晚点五分钟以上""红灯动车"等事故。因为一旦出现任何上述瑕疵,安全行驶里程都将清零,重新计算。

"万无一失"的成绩须经过实际的锤炼而取得。廖师傅向笔者提起了曾亲历的一场虚惊:那是在他刚到岗实习的第七天,他和师傅驾驶的列车差点与另一辆列车深度"亲密接触",当时,他与师傅所驾驶的列车在距前方车辆不到 20 米的位置才停了下来。

除了因为廖师傅过硬的业务能力外,打破世界纪录的成绩也离不开他对地铁列车的感情:"我是列车的'知音',好像能听到列车的呼吸。"对于这一点,廖师傅的徒弟解释道:"与 13 号线多年的感情,让廖师傅对列车的构造和部件非常熟悉,已经达到了人车合一的境界。"如今,打破纪录后的廖师傅仍在平凡地坚守着。

(资料来源:北京晚报官方网站"北晚新视觉"网)

思考:

(1)地铁司机廖明是如何做到安全行驶 100 万公里,创世界纪录的?

(2)影响城市轨道交通行车安全的主要因素有哪些?

手柄轻四两,责任重千斤。城市轨道交通列车司机(又称乘务员)这个职业看似平凡,实际上却承担着不平凡的使命。紧张的节奏,漫长的行程,生命的重托,都磨炼着他们超强的驾驶技艺和心理素质。列车司机作为城市轨道交通行车安全的最后一道防线的坚守者,当事故突发时,他们的每一个举动都至关重要,保障乘客的生命财产安全、避免运营设备设施的损失是他们的首要职责。

城市轨道交通行车安全概述 　单元1.1

一、安全与事故

（一）安全

安全通常是指人或物没有遭遇威胁、危险、危害和损失，一般包括人身安全和财产安全。安全与危险是相对的概念，是人们对生产、生活中是否可能遭受健康损害、人身伤亡或财产损失的综合认识，无论是安全还是危险都是相对的。在生产过程中，安全问题无所不在，无时不有，安全与危险并存，并且相互转化。

在城市轨道交通系统的设计中，通过需符合"故障-安全"原则的技术手段，使之只有安全侧输出。即便是故障、错误、失效的情况发生时，系统也会自动启动应急措施，将损失降低到可接受的范围，进而趋向安全。

（二）事故

安全和事故是对立的，但事故并不是不安全的全部内容，而只是在安全与不安全矛盾斗争过程中某些瞬间突变结果的外在表现。

事故是指在生产活动过程中，由于人们受到科学知识和技术力量的限制或者认识上的局限，当前还不能防止或能防止却未有效控制所发生的违背人们意愿的事件序列。事故的发生，可能迫使系统暂时或较长期地中断运行，也可能造成人员伤亡、财产损失或者环境破坏。

事故是一种小概率的随机偶发事件，仅仅利用已有的事故资料不足以及时、深入地对系统的风险性进行分析，而现代社会的文明进步又不容许通过事故重演来深化对安全的研究。对于现代交通运输系统而言，无论从规模、速度、设备还是管理上都发生了极大的飞跃，一旦发生高等级事故，其影响之大、损失之重、补救之难，都是传统运输方式不可比拟的。

**案例
1-2　地铁司机的指挥官**

牛九如，地铁司机的指挥官（图1-2），从2016年起，北京地铁5号线每一次跨越式发展都离不开他的努力。在他的主导下，5号线列车安全准点率达到了新水平，每名司机都被打造成了能打硬仗的尖兵。人送绰号"拼命三郎"的牛九如时常带病上阵,从不叫苦。在地铁 5 号线乘务中心,他有着使不完的劲头。2016 年,牛九如被任命为北京地铁 5 号线乘务中心副主任。当时按照规划,这条纵贯北京城的线路还在建设当中。接到任命之后,牛九如深知责任重大,便全身心投入到新线建设当中。在此期间,他和先期进驻人员集体租住在离单位很近的天通苑社区,以便 24 小时随叫随到。

■ 图1-2
地铁司机的指挥官

同年 7 月,5 号线试运营筹备工作进入最后阶段。在最紧张的时刻,牛九如也没有放松对新线员工的培训。他精心制订培训计划,为 5 号线培育出了 307 名司机。为了使乘务中心各项工作尽快顺利开展,牛九如先后牵头组织召开各类专项会议 42 次,深入研讨新线各项工作,整理上报 78 项重要问题及隐患。另外,他从建立乘务中心各项规章制度入手,组织编写规章、规定和临时防控措施 4 类 18 种,主持印制 5 号线第一本《电客车司机应用手册》,为司机快速处理车辆故障及其他应急作业提供了有效参考。高强度的工作和毫无规律的作息时间,使患有糖尿病的他病情进一步加重,有几次因工作繁忙没能按时吃药,导致血糖降得过低,险些晕倒在办公现场。还有一次,他不慎患了感冒,由于忙于工作没有及时治疗,忽视了糖尿病情转危的预警信号,导致病情加剧,不得不依靠增加针剂的注射量维持。

尽管如此,牛九如从没有耽误工作。他笑着对记者说:当时,我这心里真放不下,脑子里都是安全、都是运营、都是乘客。拿着秒表掐算时间,列车进出精确到秒,安全、准点、快捷、舒适是北京地铁 5 号线对市民的服务承诺。这简简单单的 8 个字,说起来容易,做起来却难。尤其是准点最难做到,因为地铁是个庞大而复杂的系统:由十几个大系统、30 多个专业、近百个工种作支撑。但牛九如却将这不可能的事情变成了现实。如今的 5 号线在单司机的运营机制下,实现了所有中途折返列车 100% 安全正点。

(资料来源:https://m.taodocs.com/p-30251450.html)

二、城市轨道交通行车安全

(一)行车安全的重要性

城市轨道交通系统作为现代化城市的重要基础设施,可以最大限度地满足市民出行需要,迅速、舒适、安全、便利地运送旅客,它包括地铁、城市快速铁路、轻轨、独轨等交通系统。其中,地铁作为大运量的城市轨道交通工具,安全性非常高,在世界主要发达国家及地区已经得到了广泛应用。

　　受城市运营环境的限制,城市轨道交通线路被封闭在地下或高架上,高峰运营时间车站、车厢内人员密集,导致通风和应急疏散都不同于地面开放的空间。一旦发生特殊情况,如出现重要设备故障,或因人员误操作引起恶性后果及运营环境内发生较大的自然灾害、治安事件、恐怖袭击等,要求工作人员反应迅速,应急预案即刻启动,避免次生灾害的发生,将事态影响控制在最小范围内。

(二)行车安全的主要内容

　　城市轨道交通行车安全主要包括行车调度安全、列车运行安全、车站作业安全、调车作业安全等。城市轨道交通行车组织由运营控制中心和车站(综控室)两级完成。常态列车运行通过电台联系,实行"行车调度员-列车司机"二级管理模式。

　　行车运行周期正常情况下为24小时,即:列车依据列车运行图,按照规定时间从车辆段存车线出来,进入正线并投入运营,一直到运营结束退出服务回到车辆段进行整备;整备完毕后再次从车辆段出来进入正线投入运营。主要行车人员包括行车调度员(行车调度指挥、车辆段调度员)、行车值班员、电动客车司机等。

　　1.行车调度安全

　　在行车组织工作中,整体调度工作由调度控制指挥中心(OCC)当班行车调度员实施,高度集中,统一指挥,以便于各个环节紧密配合、协调工作。

　　(1)行车调度岗位职责

　　严格按照列车运行图组织行车,遇列车偏离运行图时,应积极采取措施,尽快恢复正点运行;随时掌握客流变化,及时调整列车运行;正确处理临时发生的问题;检查各站执行列车运行图的情况,必要时发布有关调度命令和指令;合理组织各种施工作业;正确填写各种报表。

　　(2)行车调度工作要求

　　①严格执行各岗位职责,严禁串岗。城市轨道交通行车调度工作设有调度总指挥员、高级调度管理员、行车调度员、电力调度员等岗位。各岗位之间需严格执行各自的岗位职责,防止出现多级领导下达命令的状况,保证调度指挥的安全性和权威性。

　　②提高人员技术业务水平。重视技术业务的训练和提高,掌握扎实的调度工作技术,熟知运营全过程和行车有关各部门的分工及协作,掌握处理各种行车意外情况和行车事故的方法,在实践中不断锻炼,增长自身的能力和才干。

　　③科学发布调度命令。调度命令是调度员在行车工作中对有关行车人员发出的指示或指令,其正确、有效与否直接影响行车安全。

　　2.列车运行安全

　　(1)列车司机的岗位要求

　　列车操控是列车安全运行管理工作的最后一道防线。列车司机岗位包含电动列车司机岗、试车司机岗和学习司机岗。列车司机必须经过多项目严格考试合格,取得"电动列车驾驶证"后方准独立驾驶列车;要熟练掌握各项应急预案,懂得救援的过程和方法,掌握常用灭火器的使用方法等;遵纪守法,服从指挥,能严格按照相关规章制度要求行车。每天出勤时必须保证身心健康,处于良好状态,符合岗位鉴定要求,具有良好的心理素质和应急反应能力。

列车司机对列车要有一个较为完整的了解,主要表现在掌握操控列车的技能和了解主要部件的构造和性能,并且能够在规定的时间内及时、准确地排除功能性的故障,处理突发事件,稳定现场局面,包括组织乘客共同应对突发事件,等待进一步的帮助等。

(2)列车运行安全岗位职责

列车司机在行车作业前,要进行列车整备作业(如检查车体内外情况、车载电器、制动设备、无线电话等)。行车中主要负责列车在正线运行作业、站台作业和折返作业。完成运营工作后,驾驶列车进入车辆段进行整备,确保第二天的正常运行。

正如案例1-1中的廖明师傅所言,在行车过程中,要全神贯注地感受列车和路况。这样,列车有任何状况,路况有任何变化,司机都能第一时间敏锐地捕捉到,做到心中有数,关键时刻及时采取措施,从而避免事故的发生。

案例 1-3　坚守地铁防疫一线,是我给奶奶最好的生日礼物

王潇是京港地铁16号线的一名地铁列车司机,原本打算大年初四排休的时候回家给奶奶过90大寿。因为新冠肺炎疫情,王潇从2021年1月26日起,就一直坚守在防控疫情和运营服务的一线岗位上(图1-3)。回家过生日变成了视频问候,"奶奶今年90岁了,她一直希望我能有出息。我奋战在地铁防疫一线很自豪,奶奶也为我骄傲,这是我给奶奶最好的生日礼物。"

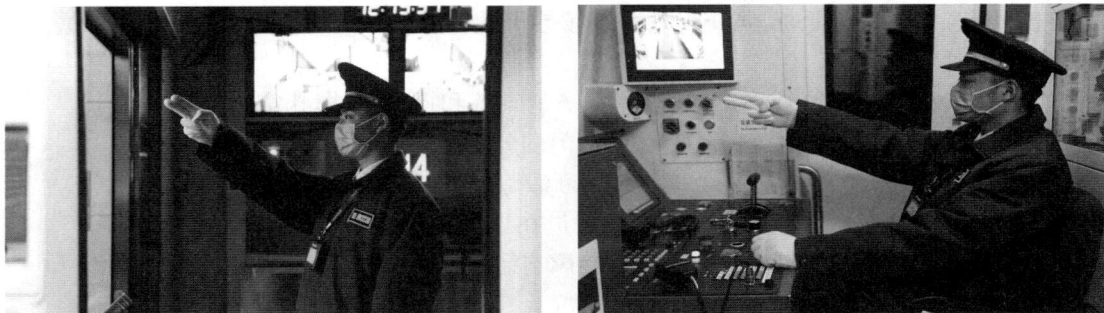

■ 图1-3
坚守岗位的地铁人

在地铁防疫工作中,为了尽量避免地铁内人群聚集,王潇和其他同事一样,密切关注着地铁列车的满载率。随着各企业逐渐复产复工,地铁客流也在慢慢回升,如果发现满载率数值偏高,他们第一时间上报,京港地铁也会根据客流情况采取适时加开临客等措施,以减少乘客在车厢、车站内的聚集(图1-4)。

■ 图1-4
坚守岗位,共同抗疫

"相比起奋战在抗'疫'最前线的医护工作者们,我只是在普通的岗位做着自己力所能及的事。"为了保证疫情期间正常出勤,王潇休息时间一直待在单位附近租的房子里,每天给家里打电话报平安,让奶奶放心,"等疫情过去,我一定给她老人家补过生日!"

(资料来源:https://mp.weixin.qq.com/s/Y6vjPdyKlUu2cVWAGbzf3g)

3. 车站作业安全

城市轨道交通车站是乘客上下车的主要场所。车站内部乘客聚集度高,若管理不当,可能发生乘客在站内大量聚集,难以正常上、下列车而影响运营秩序,甚至可能会发生乘客拥堵、踩踏等事故,对正常行车造成很大的影响。城市轨道交通车站作业是指在行车调度员的统一调配下,工作人员协助列车司机及其他作业人员开展行车组织工作。

(1)车站安全工作职责

建立健全各类行车作业、运营管理的规章制度;提供安全的客运服务,保证车站、车厢整洁和出入口、通道畅通,保持安全、消防、疏散导向等标志醒目;设置报警、灭火、逃生、防汛、防爆、防护监视、紧急疏散照明、救援等器材和设备,定期检查、维护,按期更新,并保持完好;进行各项车站安全检查,尽可能消除车站隐患或降低隐患对安全行车的影响;利用多种渠道开展乘客安全乘车的宣传教育工作;加强对进入车站作业人员的安全管理;建立各项应急预案,开展事故救援演练,提高员工处理紧急事故的能力等。

(2)车站作业安全管理

①列车运行安全管理。在"行车调度员-列车司机"二级管理模式下,车站辅助行车工作。在列车自动控制模式下,车站监护行车运营状态,人工作业列车折返、进路排列;在非正常情况下,车站按照指令,人工接发列车、调车作业。

②车站施工安全管理。城市轨道交通车站不仅是乘客的聚集区,同样也是行车设备的聚集区。车站内安装着供电、信号、通信、监控、线路等行车设

备。设备的维护、维修需要由专门人员进站施工。车站对所有驻站、派驻人员开展安全管理工作。

③车站客流安全管理。大客流的出现会对轨道交通行车组织工作造成一定的影响。当出现或预感可能出现大客流时,车站需采取相应的安全管理工作,通过客流疏导、依据行车调度员(简称行调)命令采取临时阻止乘客进站等限流方式,将大客流对行车安全的影响降至最低。

4. 调车作业安全

城市轨道交通的调车作业主要在车辆段和折返站内进行,包括列车转线、解编、摘挂、回送以及出入段等。调车作业主要的安全要求如下:

(1)统一领导、单一指挥。统一制订车辆段内调车作业计划;统一安排站内调车;调车指挥人单一指挥。车辆段值班员根据车场线路、运营计划、内燃机车或电动客车的情况制订统一的调车作业计划。调车作业人员需按照调车作业计划单执行,不得擅自改动。

(2)做好调车作业前的准备工作。核对调车计划,使调车人员协同一致,做到准确无误;对电客车和内燃机车进行技术检查,确保车辆性能良好;对其他调车设备和备品进行检查,保证调车作业安全顺利地进行;确认进路,检查线路、道岔、停留车位置,确认线路是否空闲。

(3)严格控制调车速度,并按照信号显示调车。调车速度对调车作业的安全和效率至关重要,超速调车会危害作业的安全,不适当地降低速度则会影响作业效率。因此,要求调车作业必须准确地掌握速度。

(4)其他调车安全要求。禁止使用溜放调车;禁止两组车组或列车同时在同一条股道上相对移动。

(三) 影响行车安全的主要因素

城市轨道交通运营系统是一个在时间、空间上分布很广的开放动态系统。其运营安全影响因素错综复杂,涉及面很广,从系统论的观点出发,与列车运行安全有关的因素可以划分为四类,即人、机器(设备)、环境和管理。系统中的"人"指作为工作主体的人;"机器"指人所控制的一切对象的总称(包括固定设备和移动设备);"环境"指人、机共处的特定的工作条件(包括内部环境和外部环境)。在城市轨道交通行车安全中,"人"指行车作业群体;"机器"主要指列车,以及与列车安全相关的一切设备;"环境"指影响列车运行安全的内部环境和外部环境。

图1-5为城市轨道交通列车运行安全影响因素关系图。该图展示的工作流程是以管理作为控制、协调手段,协调人、机、环境之间的相互关系,并通过反馈作用将系统状态的信息反馈给管理系统,从而改进安全管理方法,最终得到更为安全的系统。

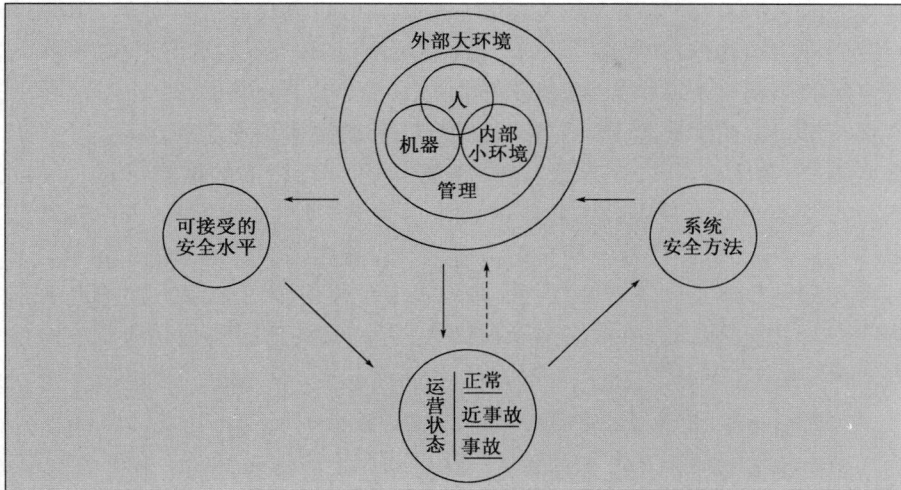

■ 图1-5
城市轨道交通列车运行安全影响因素关系图

1.影响行车安全的关键性因素——"人"

（1）"人"的作用

随着自动化程度的不断提高，看似系统对人的依赖程度减少了，但在系统设计、生产和使用阶段，人依旧扮演着重要的角色。在安全问题中，人是矛盾的主要方面。联邦德国安全专家库尔曼认为，人是一种安全因素和防护对象，机器只是一种安全因素，环境也只是一种安全因素和应予以保护的财富。在人-机器-环境系统中，只有人才能向安全问题提出挑战。一个掌握足够技能和装备的人能够发现并纠正系统故障，并且使系统恢复到正常状态。

研究表明，人为差错或失控产生的因素是多方面的，如操作者精神负担过重、疲劳、心理疾病、责任心不强等。城市轨道交通行车过程的每一项作业，都是由人来参与并完成的。人操纵、监控各项设备，与环境进行大量信息交流，完成作业的协调一致。正是由于人在行车工作中的重要地位，使得人的因素成为城市轨道交通行车安全关键性的因素。因此，人对行车安全所起的作用可归纳为人的主导性作用、人的主观能动性作用和人的创造性作用。

（2）"人"的素质要求

①生理素质。指影响行车安全的人体生命活动，包括身体条件及生理状况。主要有年龄、性别、血型、记忆力、视力、体力、耐力、视觉（色觉、形觉、光觉）、听觉、动作反应时间和疲劳强度等，均与城市轨道交通行车安全密切相关。

②心理素质。指影响行车安全的人的心理过程及个性心理特征，包括个体的气质、能力、性格、情绪、需要、动机、态度、爱好、兴趣、意志等各个方面。行车人员具有良好的心理素质，可以大大提高行车安全系数。

③群体素质。指影响行车安全的群体特征，包括群体目标、群体内聚力、

群体的信息沟通、群体的人际关系等。由于城市轨道交通行车安全工作要求所有工种协同动作，涉及多个环节，因而对行车调度员、车站值班员、列车司机之间的协调性要求很高，这就使群体的作用变得十分突出。

④思想素质。思想素质包括**职业道德、劳动纪律和安全观念**等。安全思想素质差，责任心不强，是导致"违章违纪"等不安全行为的重要原因。

⑤技术业务素质。技术业务素质包括业务知识、文化素养、安全法律知识和安全技能，以及处理各种非正常情况的作业能力等。由于城市轨道交通行车安全作业涉及行车调度、乘务、维修等多个岗位，对有关人员的合作和应变能力要求较高。此外，对安全管理而言，有关人员还应具备相应的安全管理知识和能力。

2. 影响行车安全的主要因素——"机器(设备)"

城市轨道交通行车设备是除人之外影响行车安全的另一个重要因素，包括车辆、信号系统、通信系统、供电系统等。其中，车辆是城市轨道交通系统中的运载工具。车辆故障通常以车门故障、信号系统故障居多，此外还有影响列车制动或牵引性能的电气系统故障等。通信系统是城市轨道交通行车的信息收发系统，其电源发生故障或通信设备本身发生故障时，不能保证各种行车信息及控制信息不间断地可靠传输，从而危及行车安全。供电系统是为城市轨道交通行车提供电能的设备，其故障对城市轨道交通运营的影响非常大，会使在线运营的列车失去动力，迫停于站内或区间中且失去客室正常照明，列车空调也会因失电而停机。

3. 影响行车安全的主要因素——"环境"

影响行车安全的环境条件包括内部环境和外部环境。

内部环境通常指作业环境，即作业场所人为形成的环境条件，包括周围的空间和一切行车设备所构成的人工环境。此外，还包括通过管理所营造列车运行系统内部的社会环境，即列车运行系统外部社会环境因素在列车运行系统内的反映，包括系统内部的政治、经济、文化、法律等环境。

外部环境通常包括自然环境和社会环境。自然环境中对行车安全影响较大的主要有地震、洪水，还包括气象因素(雨、雪、雾、霜、雷电、冰雹、大风等)、季节因素(春、夏、秋、冬)、时间因素(白天、黑夜)，以及行车线路沿线的地形地貌等。社会环境包括政治环境、经济环境、技术环境、管理环境、法律环境，以及社会风气、家庭环境等。上述外部环境中，对行车安全影响较为直接的是运行线路沿线气象和站场秩序状况。

4. 影响行车安全的主要因素——"管理"

行车安全管理指对人、财、物、信息等资源进行计划、组织、指挥、协调和控制，以确保城市轨道交通行车安全。影响安全管理的因素较多，主要有安全组织、安全法治、安全信息、安全技术、安全教育和安全资金安排等。虽然人、机器、环境往往是影响行车安全的直接原因，而管理看似是间接原因，但追根溯源管理却是本质的原因。因为人、机器、环境三者是受管理支配的,所以安全生产中管理也是不容忽视的影响因素。

城市轨道交通行车安全管理,主要包括五个方面:①消灭或减少由于行车安全问题带来的损失;②主体是运行系统的各级管理人员;③对象是人(作业人员)、财(能耗及安全技术措施经费等)、物(运行相关设备)、信息(行车信息)等;④方法是计划、组织、指挥、协调和控制;⑤本质是充分发挥人的积极性和创造性,调动一切积极因素,促使各种矛盾向有利于行车安全的方面转化。

城市轨道交通行车事故致因 单元1.2

一、行车事故的含义及分类

城市轨道交通行车事故指在运营过程中,由于行车作业人员违章操作、人为差错、技术设备故障或其他内外部因素,造成人员伤亡、设备损坏,影响正常行车或危及行车安全的事故。

(一)行车事故的基本特征

1. 因果性和必然性

事故是许多因素互为因果连续发生的结果,一个因素既是前一个因素的结果,又是后一个因素的原因。也就是说,因果关系有继承性,是多层次的,事故的因果性决定了事故的必然性。掌握事故的因果关系,采取措施中断事故因素的因果连锁,就消除了事故发生的必然性,从而可能防止事故的发生。

2. 偶然性和规律性

事故是由于客观存在不安全因素,随着时间的推移,出现某些意外情况而发生的,这些意外情况往往是难以预知的。事故的偶然性还表现在事故是否产生后果(人员伤亡、物质损失),以及后果的大小难以预测。反复发生的同类事故并不一定产生相同的后果。事故的偶然性决定了要完全杜绝事故发生是困难的,甚至是不可能的。

但是,从偶然性中找到必然性,认识事故发生的规律性,变不安全条件为安全条件,把事故消除在萌芽状态之中,是防患于未然、预防为主的科学根据。

3. 事故的潜在性和预测性

事故往往是突然发生的,导致事故发生的因素即"隐患或潜在危险"或许早就存在,只是未被发现或未受到重视而已。随着时间的推移,一旦条件成熟,就会显现并酿成事故。这就是事故的潜在性。

事故的预测性就是在认识事故发生规律的基础上,充分了解、掌握各种可能导致事故发生的危险因素以及它们的因果关系,推断它们发展演变的状况和可能产生的后果。事故预测的目的在于识别和控制危险,预先采取对策,最大限度地减少事故发生的可能性。

(二)行车事故分类

行车事故按照性质、损失以及对正线列车运行的影响程度,可分为特别重大事故、重大事故、大事故、险性事故和一般事故。目前我国尚未在全国范围内制定城市轨道交通事故等级分类标准,但各拥有轨道交通系统的城市都结合自身特色制定了相关的规则和标准,现以某城市轨道交通系统为例进行说明。

1. 特别重大事故

列车、工程车辆等发生冲突、脱轨、火灾、爆炸等事故,造成下列后果之一的为特别重大事故。

(1)人员死亡30人及以上。

(2)事故直接经济损失在500万元及以上。

2. 重大事故

列车、工程车辆等发生冲突、脱轨、火灾、爆炸,或由于城市轨道交通设备状态不良等其他原因,造成下列后果之一的为重大事故。

(1)人员死亡3人或死亡、重伤5人及以上。

(2)中断正线(上、下行)行车或耽误本列列车180min及以上。

(3)事故直接经济损失在300万元及以上。

(4)列车中破(指直接经济损失为现值的40%～60%)一辆。

(5)工程车辆大破(指直接经济损失为现值的60%～90%)一辆。

3. 大事故

列车、工程车辆等发生冲突、脱轨、火灾、爆炸,或由于城市轨道交通设备状态不良等其他原因,造成下列后果之一的为大事故。

(1)人员死亡1人或重伤2人及以上。

(2)中断正线(上、下行)行车或耽误本列列车120min及以上。

(3)事故直接经济损失在100万元及以上。

(4)列车小破(直接经济损失为现值的10%～40%)一辆。

(5)工程车辆中破一辆。

4. 险性事故

凡事故性质严重,但未造成严重损害后果或损害后果不够大事故及以上事故,造成下列后果之一的为险性事故,如列车冲突、列车脱轨、列车分离、载客列车错开车门、运行途中打开车门、车未停稳就开车门、载客列车车门夹人动车、列车冒进信号等。

5. 一般事故

凡事故性质及损害后果不够大事故及险性事故的为一般事故,如:调车冲突、调车脱轨、挤道岔、调车作业冒进信号;列车运行中,因车辆部件脱落或其他原因损坏行车设备;行车有关人员漏乘、漏接、出乘迟延耽误列车行车凭证发车等。

二、事故发生前的常见心态

在我国轨道交通生产领域,发生的事故中有 80% 以上与人为失误有关。事故发生前的常见心态主要有以下几种:

(1)习以为常,思想麻痹。经常干的工作,习惯成自然,并不感到有什么危险;因这项工作每天在做,放松了警惕,没有注意到反常现象;等等。作业人员或者由于没有进行日常检查,或者在麻痹思想指导下,检查不够详细,结果出现了与预料相反的状况,又因太突然,会惊慌失措、手忙脚乱,不能采取有效的措施,而终于造成事故。

(2)情绪不稳定,思想不集中。作业人员有特别高兴或忧虑的事情,导致其情绪不稳,引发了事故。例如,作业人员和同事或家属发生争执、夫妻关系紧张等导致不愉快,或是受到了批评,或是遇到特别高兴的事情等,使情绪很冲动,思想不能集中,在操作程序中出现失误,导致事故的发生。

(3)盲目自大不求上进。科学技术日新月异,为弘扬工匠精神,就要与时俱进,不断加强学习才能确保把工作做得更出色。然而,当出现"已经做过多次,没有什么需要学习的"想法时,就可能由于技术技能不过硬而出现事故。

(4)心存侥幸,过度依赖他人。在与他人共同作业时自己不积极主动、不严格按照自己应承担的操作项目和操作规程开展工作,图省事省力,过度依赖别人,不踏实且心存侥幸,结果导致事故的发生。

(5)过度紧张,导致判断失误。作业人员由于某些原因情绪非常紧张,对外界情况没有正确的反应,在"急急忙忙的操作"中发生事故。这是因为人过度紧张时,注意力会不集中或分配不当,顾此失彼,忙中出错,于是在未注意的环节上可能发生事故。

(6)习惯性违章,纠错能力差。某些作业人员会认为"反正我不违章,事故就与我无缘"。其实,他们在平时的工作中已经养成了一些难以纠正的顽固动作,形成习惯性违章,只是意识不到。习惯性违章是当前发生事故的主要帮凶,也是安全管理中最难把守的一道关口,改正较难,最易导致发生事故。

三、事故致因理论举例

事故致因理论是指从大量典型事故的本质原因中分析、提炼事故机理和事故模型。这些机理和模型反映了事故发生的规律性,能够为事故原因的定性、定量分析及事故的预防,提供科学依据。在事故致因理论中,博德(Bird)事故因果连锁理论与现代安全观点更加吻合。博德的事故因果连锁过程涉及五个因素,如图 1-6 所示。

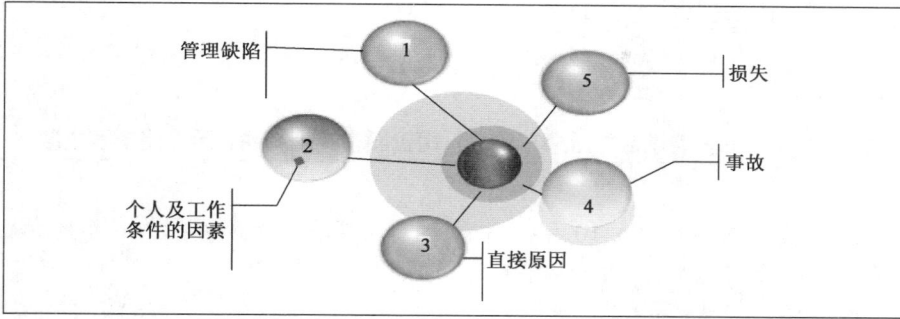

■ 图1-6
博德事故因果连锁理论示意图

1. 管理缺陷

对于大多数企业来说,包括城市轨道交通企业,完全依靠工程技术措施预防事故既不经济也不现实,只能通过完善安全管理工作,经过较大的努力,才能防止事故的发生。企业管理者必须认识到,只要生产没有实现本质安全化,就有发生事故及伤害的可能性,因此,安全管理是企业管理的一个重要环节。安全管理系统要随着生产的发展变化而不断调整完善,十全十美的管理系统不可能存在。正是由于安全管理上的缺陷,致使造成事故的原因出现。

2. 个人及工作条件的因素

这方面的因素主要是由于管理缺陷造成的。个人因素包括缺乏安全知识或技能,行为动机不正确,生理或心理有问题等;工作条件因素包括安全操作规程不健全,设备、材料不合适,以及存在温度、湿度、粉尘、气体、噪声、照明、工作场地状况(如障碍物、不可靠支撑物)等有害作业环境因素。只有找出并控制这些因素,才能有效地防止后续原因的发生,从而防止事故的发生。

3. 直接原因

人的不安全行为或物的不安全状态是事故的直接原因。这种原因是安全管理中必须重点加以追究的。但是,直接原因只是一种表面现象,是深层次原因的表征。在实际工作中,不能停留在这种表面现象上,而要追究其背后隐藏的管理上的缺陷,并采取有效的控制措施,从根本上杜绝事故的发生。

4. 事故

防止事故就是防止接触。可以通过对装置、材料、工艺等的改进来防止能量的释放,或者操作者提高识别和回避危险的能力,佩戴个人防护用具等来防止接触。

5. 损失

人员伤害及财物损坏统称为损失。人员伤害包括工伤、职业病、精神创伤等。在许多情况下,可以采取恰当的措施使事故造成的损失最大限度地减小。例如,对受伤人员迅速进行正确的抢救,对设备进行抢修以及平时对有关人员进行应急训练等。

案例 1-4　伦敦地铁最严重撞车事故，司机没有实施制动，至今是未解之谜

1975 年 2 月 28 日 06:10,56 岁的列车司机纽森提早来到他的工作地点。纽森的工作很单纯，就是驾着一辆六节车厢的北城市线列车从德雷顿公园车站开往沼泽门车站(图 1-7)，再开回德雷顿公园车站，这趟旅程单趟只有约 3 公里。纽森已经在伦敦公共运输管理局工作 6 年，也算是个有经验的司机。06:40,纽森带着口袋里的 270 英镑进入驾驶舱，开始他一整天的工作。这 270 英镑是为了在下班后给女儿买一辆二手车所准备的。列车缓缓离开德雷顿公园车站，并准时在 06:53 抵达沼泽门车站。赶着上班的旅客下了车。18 岁的年轻列车长哈里斯匆匆地跑上列车，这是他在伦敦地铁工作的第一年。哈里斯和纽森寒暄了几句之后，就回到了位于第六节车厢的车长室，一切都照常进行。列车就这样来回行驶在德雷顿公园车站

■ 图 1-7
伦敦地铁沼泽门车站

和沼泽门车站之间。早上八点的上班高峰段时间，车厢内挤满了各式各样的人，大部分是附近的上班族。08:38 列车再次从德雷顿公园车站出发，往伦敦市中心驶去。没有人知道，这将会是这列列车的最后一次旅程。

08:45 列车驶离老街车站也就是沼泽门车站的前一站。从老街车站到沼泽门车站，只是一趟 56 秒的车程，但哈里斯很快就发觉哪里不对劲，因为列车虽然开入沼泽门车站，但它却完全没有要停下来的意思，再这样下去会直接撞上隧道内的墙壁。他刚想过来，伴随着车头的一声巨响，剧烈摇晃，乘客们纷纷跌倒在地上。

列车直接冲入隧道，隧道上沙堆被抛起，接着车头以接近全速撞向了止冲挡。但这时的止冲挡有跟没有是一样的。同时，第一节车厢被巨大的撞击力撞成了凹 V 字形，全长 16 米的车厢被挤压到只剩下 6 米。根据月台上的信号员口述称，当时列车是以 48～64km/h 的速度驶过车站，不但没有减速，反而还有加速的迹象。一些月台上等候的旅客也说，当时他们看到司机室中的纽森穿着制服，戴着帽子，双手放在控制板上面，完全没有任何异样，但列车就是没有停下来，最终酿成了这场悲剧。

搜救团队在 10 分钟后就抵达现场，其中包含消防队员以及医护人员。当他们走进隧道时，看到扭曲在一起的前两节车厢，听到幸存者此起彼落的尖叫声，没人料想到现场的情况是这么的惨烈。经过 4 天的清场，所有的遗体最后都在 3 月 4 日前移出隧道，包括司机纽森。事后司机纽森就被送去法

医鉴定,看看是怎样的原因引起的这场灾难。鉴定的结果显示:纽森没有任何的药物或中毒反应,体内只有少量的酒精。法医判断这应该是尸体连续4天处在高温的环境之下,微生物分解后的正常产物。事件发生的当天早上所有和纽森接触过的人,包括哈里斯和其他司机在内,都表示完全没感觉到纽森喝过酒,其余的身体检测也都没发现任何问题。这表示当时纽森处在身体状况极好的情况之下。有人认为纽森可能是患上了短暂性全面脑失忆症或不动不语症,导致他在撞击前无法做出任何的动作。一直到今天,纽森当时并未实施制动的原因仍然是个未解之谜。

在沼泽门事件发生之后,伦敦地铁所有终点站都安装了一种被称为沼泽门防护装置的系统。该装置会侦测列车驶过时的速度。当列车的速度超过限制,自动制动系统就会启动,迫使列车减速。2014年,伦敦市政府在车站大楼的外墙装上了纪念匾额,让这起事件永远留存在伦敦地铁的历史中不被遗忘。

(资料来源:https://baijiahao.baidu.com/s?id=1675453156967580292)

行车作业中发生事故的因素很多,但关键岗位从业者的心理状态对城市轨道交通行车安全有着非常直接的影响,常常是导致事故的主要因素,甚至是直接的因素,而人的心理状态甚至心理疾患往往难以被他人所察觉。

实训

请完成实训1,见本教材配套实训工作页。

课后交流

1. 安全、事故的基本概念是什么?
2. 城市轨道交通运营安全的特点是什么?
3. 城市轨道交通行车安全的影响因素有哪些?
4. 城市轨道交通行车安全事故的心理因素有哪些?

城市轨道交通行车安全心理学（含实训工作页）

CHENGSHI GUIDAO JIAOTONG XINGCHE ANQUAN XINLIXUE (HAN SHIXUN GONGZOUYE)

走近城市轨道交通行车安全心理学

◎ 学习目标

1. 掌握心理以及心理现象的概念。
2. 了解心理学的发展及研究内容。
3. 掌握城市轨道交通行车安全心理学的概念。
4. 理解城市轨道交通行车安全心理学的研究方法。

✤ 内容结构

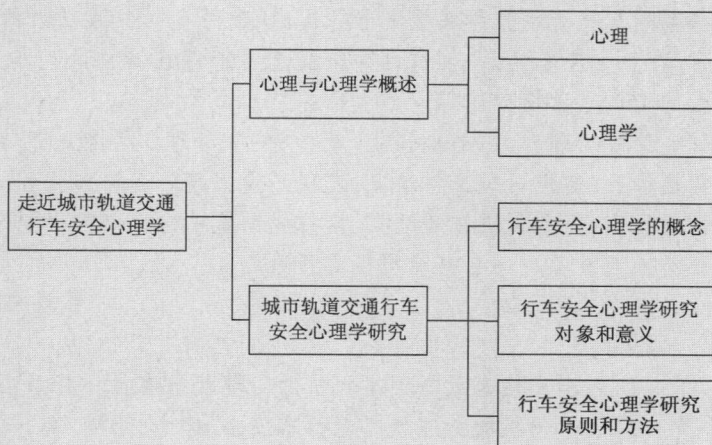

✖ 参考学时

4 学时。

案例 2-1 阿根廷列车出轨致99伤 列车司机遭乘客围攻

当地时间 19 日上午大约 07:25,阿根廷首都布宜诺斯艾利斯的一辆列车驶入萨缅托城铁线第 11 区车站,径直撞向铁轨尽头的缓冲装置(图 2-1)。多节车厢出轨,躺在站台上。当地医疗部门主管官员格拉谢拉·雷博说,99人因事故送医治疗。阿根廷安全国务秘书塞尔希奥·贝尔尼说,现阶段没有人员死亡报告,伤员没有生命危险,其中 5 人骨折。一些在站台上候车的乘客遭车窗碎玻璃划伤。

■ 图 2-1
阿根廷列车出轨事故

事故原因不明。一些乘客回忆,列车在先前数个车站似乎出现制动问题。乘客拉米雷斯说,列车在多个车站没有及时停下,冲出一段距离,司机不得不倒车,开门让乘客下车。并且,经过一个车站时,司机完全没有停车。出事后,乘客把怒火发泄到司机胡利奥·贝尼斯特身上,围住车头,高喊"杀人犯"。警方带走并拘留司机。

司机工会说,贝尼特斯现年 45 岁,驾驶经验丰富。运输部长弗洛伦西奥·兰达佐说,交班记录显示,贝尼斯特出车前通过了酒精测试。当地《号角报》援引兰达佐的话报道,事发后,贝尼斯特取走车内视频监控系统的硬盘,被警方发现。

这起事故与同一车站先前发生的致命事故如出一辙。去年 2 月 22 日,一辆列车撞上铁轨尽头缓冲器并出轨,致死 51 人,致伤大约 700 人。今年 6 月,在另一座车站,一辆进站列车撞上一辆停在站内的列车,导致 3 人死亡,大约 150 人受伤。

除升级硬件,当局也强化"软件"安全管理。今年 6 月事故后,列车内安装摄像头,监控司机工作情况,发现不少问题。运输部长兰达佐先前说,监控画面显示,一些司机打瞌睡觉、接打或浏览手机。有时,司机的双手甚至完全脱离操控设备。一名打盹司机遭开除。

(资料来源:南方都市报)

思考:
(1)列车出轨事故与列车司机的心理状态有什么关系?
(2)列车司机的心理状态对行车安全有什么影响?

城市轨道交通由于其客流量大的特点,一旦发生重大的行车安全事故,必定会造成巨大的影响。就像案例2-1所展现的,许多城市轨道交通事故都与列车司机的身心状态有很大关系,并提出阿根廷当局开始强化"软件"安全管理,监测列车司机的工作情况。行车人员的心理状态对行车安全有至关重要的作用,研究行车安全心理意义重大。

知识
单元

心理与心理学概述　　单元2.1

一、心理

(一)心理的基本概念

心理是生物对客观物质世界的主观反映。这里的生物具有特指性,并不是一切有生命的物质都具有心理活动,凡是具备神经系统的生物才具备心理活动。一个人出生,随着神经系统的发育成熟,心理活动会越来越丰富。反之,如果一个人的神经系统遭到了破坏,会影响正常的心理活动。因此,生物的神经系统是心理产生的物质基础。

心理存在于每个人每时每刻的生活中,所有的言语、行为都是心理活动的外在表现形式,一个人的情绪、感知觉、记忆、想象等都属于心理活动的范畴。心理活动虽然是主观产物,但是一定脱离不开客观物质世界,包括自然环境和社会环境,其中社会环境对于人的心理活动占主导地位。同一个人面对的客观物质世界发生变化的时候,心理也必将跟随产生变化。很多人都发现一起生活的双生子很有默契,言语、行为总是保持惊人的一致。其中除了基因占据了一部分影响因素以外,很容易被忽视的另一影响因素则是,双生子从小生长的环境一样,同一客观环境造就了相似的心理活动。因此,客观物质世界是心理产生的客观基础。

心理小故事2-1

哥伦比亚两对双胞胎被抱错:27年错位人生

1988年,有两对同卵双胞胎(图2-2)在哥伦比亚首都波哥大的一个医院同时出生。然而,医院的一个失误,把他们4个搞混了,两个家庭以为是异卵

■ 图 2-2
四人照片

双胞胎,就这样各领了一个自己的和一个别人的孩子回家抚养长大。两对兄弟的未来历程,也因此发生了翻天覆地的变化。

27年后,一次偶然的机会,四个人见到了彼此,不过他们的身份已经发生了变化。由于医院的疏忽,卡洛斯当年被错抱到豪尔赫家,威廉则被错抱到维尔韦尔家。在命运的安排下,豪尔赫和卡洛斯在城市长大,成了白领;而威廉和维尔韦尔则在农村长大,成了屠夫。

美国加州州立大学双胞胎研究中心的心理专家南希·西格尔曾经前往哥伦比亚采访这两对被搞混的双胞胎,想搞清楚是遗传还是环境对他们生活的影响更大。

南希·西格尔原以为双胞胎之间的相似度会更高,但她发现,生活环境对他们的影响更值得关注。威廉和他的家人有些格格不入,他对生活的期望更高,希望自己的人生不仅仅被局限在肉食铺。但他和亲生兄弟豪尔赫也有些不同,豪尔赫是个乐观的梦想家,而威廉则谨小慎微。

(资料来源:新浪教育网)

面对同一客观物质世界,不同的人会产生不同的心理活动。这是因为人脑中形成的客观现实的反映,虽然是以客观现实为基础,但经过了人脑的加工,并不是客观现实本身。每个人从小生活的环境不同,形成的人生观、世界观、价值观也不同,所以在进行心理活动时,会将自己的主观性不自觉地施加到心理活动的过程中。如同样是考试失利,有的学生会变压力为动力,发奋读书,而有的学生受到打击,一蹶不振。另外,同一个人,在不同时期面对同一客观物质世界,也可能产生不同的心理活动,这是由于随着经历的增加,主观能动性发生了变化。如几年后再看同一部电影或听同一首歌曲,可能会产生和几年前完全不同的心情和感受。因此,主观能动性是心理产生的主观基础。

(二) 心理现象与行为

心理是脑的机能,脑是心理的活动器官。人的心理发生、发展与脑的发育、完善息息相关。脑的生理活动机能所表现出来的现象被称为心理现象。心理现象是在后天过程中形成的,具有后天性。例如,人吃酸的东西会不自觉分泌唾液,这是非条件反射,属于生理活动。而"望梅止渴"的故事中,士兵通过想象梅子,分泌唾液,起到止渴的作用,梅子属于人在后天学习中了解到是酸的东西,因此"望梅止渴"就属于心理现象。如果一个人的大脑受到了损伤,性格、能力、行为等心理现象也会发生变化。

心理小故事 2-2

钢筋戳破大脑,性格大变

1848 年,25 岁的盖奇在美国一铁路建设工地上工作。9 月 13 日这天,施工现场发生了意外,一根长约 3.5 英尺(约 1.07 米)的钢筋从盖奇的左颧骨下方穿过他的脸,从眉骨上方飞出去。虽然盖奇颅骨的左前部几乎完全损毁了,但他没有失去知觉,能说能动,经过 10 周的治疗,他顺利出院,没有失忆,思维清晰,连脑袋都不疼了。这次意外似乎没给盖奇造成什么影响,在恢复体力后他就回到工地继续上班了。

但渐渐地,人们发现他变了,虽然大部分心理机能是正常的,但他的性格却变得和以前很不一样。他开始不停地说脏话,但他以前从来不这样;以前他对人很和气、讲礼貌,也很注意自己的礼仪;但现在他变得我行我素、粗俗无礼,对自己的种种行为毫不掩饰,而且不顾及周围人的感受,对事情缺乏耐心,情绪阴晴不定,有时候很固执,有时候又很优柔寡断。

大难不死的盖奇"智力和表现都像个孩子,但是情绪上却像一个强势的男人",朋友们都说"他不再是原来的盖奇了"。盖奇之所以像变了一个人就是因为他大脑的额叶皮层受到了损伤。经核磁共振研究证实,在和别人的交往过程中你的额叶会表现出高激活,也就是对他人的负性和正性情绪做出敏感反应。如果这部分脑区损坏,你就不能理解别人的情绪,也不能控制自己的冲动,更不能调节自己的感受。

(资料来源:百度网)

心理现象是心理活动的外在表现。由于心理的内隐性,人们往往通过可以观察的心理现象来探究内在的心理活动,可以观察的心理现象指的就是行为。行为是在一定的刺激下通过心理产生的一系列反应动作。心理决定行为,又通过行为表现出来。例如,一个人的情感是看不到的,但是可以通过面部表情和行为状态来表现出来。因此,研究心理的过程主要是研究行为的过程。在城市轨道交通中,行车安全事故的直接原因可以分为人的不安全行为和物的不安全状态,物的不安全状态通常是由人的不安全行为引起的。所以,研究人的不安全行为,继而控制和改变不安全行为,可以减少行车安全事故的发生,保证行车安全。

(三)心理现象的表现形式

人的心理现象有不同的表现形式,其中人们共有的心理现象表现为心理过程,指心理活动在一定时间内发生、发展的过程;个人区别于他人特有的心理现象表现为个性心理,指个人经常表现出的、稳定的心理特点。两者是共性与个性的关系,既密不可分又有所区别。个性心理会贯穿在整个心理过程中,心理过程会带有明显个性心理的痕迹;同时,个性心理又依托于心理过程,只能在心理过程中才能体现。

1.心理过程

人在进行社会活动的过程中,会先通过各种感官认识外部事物,之后在头脑中形成大致印象,并进行大脑思考,可能伴随记忆和想象,带有一定的情绪,伴有主观意志,做出一些行为,这一系列心理现象发生的过程都称之为心理过程。心理过程是指心理现象在一定时间内发生、发展、变化、消失的过程。由于人在探索外部世界的活动中都会经历上述的心理过程,因此心理过程是心理现象中共性的部分。心理过程具体可以分为认知过程、情绪情感过程、意志过程,简称为知、情、意。

认知过程是人认识客观事物的过程,也是信息加工处理的过程,主要有感觉、知觉、思维、记忆、想象等。认知过程是最基本的心理过程,感觉又是认知过程里最基础的心理现象。如婴儿不知道尖锐物品会划伤皮肤,火会灼伤人,高空摔下会受伤,在成长的过程中,人逐渐了解到了这些危险性,这个过程就属于认知过程。

做一做

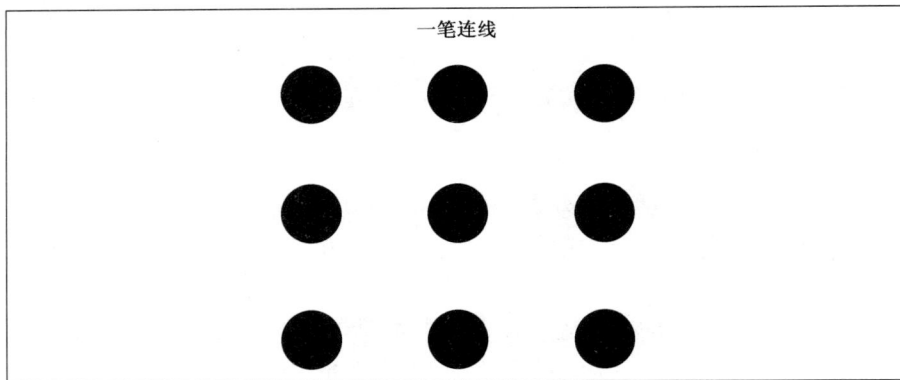

一笔连线

请用四条直线将规则排列(三行三列)的九个点连接起来,注意四条直线必须一笔完成。

情绪情感过程是人对客观事物是否满足自己需要的态度体验。情绪包括喜悦、生气、悲伤、恐惧、嫉妒、羡慕、厌恶、憎恨等;情感包括道德感、价值感、美感等。凡是满足人的需要,就会产生积极的情绪;不满足人的需要,就会产生消极的情绪。如人在遇到危险的情境下,会产生恐惧的情绪;如果危险解除了,会产生高兴的情绪;如果危险没有解除,还可能产生绝望的情绪,这个过程就属于情绪情感过程。

🌱 **心理小故事 2-3**

《头脑特工队》

《头脑特工队》是一部动画电影,讲述了可爱的小女孩莱莉出生在明尼苏达州一个平凡的家庭中,从小她在父母的呵护下长大,脑海中保存着无数美好甜蜜的回忆(图 2-3)。当然这些记忆还与几个莱莉未曾谋面的伙伴息息相关,他们就是人类的五种主要情绪:乐乐、忧忧、怕怕、厌厌和怒怒。乐乐作为团队的领导,她协同其他伙伴致力于为小主人营造更多美好的珍贵回忆。

某天,莱莉随同父母搬到了旧金山,肮脏逼仄的公寓、陌生的校园环境、逐渐失落的友情都让莱莉无所适从,她的负面情绪逐渐累积,内心美好的世界渐次崩塌。乐乐和忧忧迷失在茫茫脑海中,大脑总部只剩下怕怕、厌厌和怒怒负责,导致本来乐观的莱莉变成愤世嫉俗的少女。乐乐与忧忧必须要尽快在复杂的脑中世界回到大脑总部,让莱莉重拾原本快乐正常的情绪。

(资料来源:豆瓣电影)

■ 图 2-3
《头脑特工队》

意志过程是人自觉地确定目标,并克服困难、努力实现目标的过程。意志过程是人主观能动性的一种体现,如果说认知过程是人认识世界的活动,那么意志过程就是人改造世界的活动。如人在遇到危险的情境时,首先会确立逃离危险的目标,之后会激发无限潜力,努力做出避险的行为以保证生命安全,这个过程就是意志过程。

认知过程、情绪情感过程、意志过程一般并不独立存在,而是相互联系、相互影响。其中,认知过程是情绪情感过程和意志过程的基础,先认识世界,进而产生相应的情绪情感,进而产生自觉的意志。情绪情感过程和意志过程又会反作用于认知过程。例如,当人在极端情绪下有可能做出错误的行为,而冷静平和的情绪下更容易做出理智的判断;当人将自觉的意志施加到认识世界的过程中,认知就会更深入,反之,则停留在表面。

2. 个性心理

个性心理是指个体稳定的心理面貌,是心理现象中特性的部分。德国哲学家莱布尼茨说过:"世上没有两片完全相同的树叶。"人与人最根本的差异就是个性心理,每个人都会因为先天基因和后天环境的交互影响,形成独特的个性,并会不自觉地将个性带到心理活动中,个性也会贯穿人的一生。个性心理主要包括个性倾向性和个性心理特征。

个性倾向性是个体对现实世界的态度和意识倾向,包括需要、兴趣、动机、价值观、人生观、世界观等。当人有了某种生理或心理不平衡的状态,就会产生需要,需要推动活动的时候就会变成动机,动机最终引发行为。例如,案例2-1中列车司机出于不想因为超时到达而被公司处罚的需要,产生了使列车加速、缩短行车时间的动机,最后做出了没有在弯道及时减速的行为,从而导致列车出轨事故。事故中的列车司机只考虑了自己的需要,却没有考虑列车的行车安全需要,最后酿成了惨重的伤亡事故。

个性心理特征是个体区别于他人,表现出一贯的、稳定的行为模式的特征,包括能力、气质、性格等。有的人有语言天赋,有的人有音乐才能,有的人有画画才能,这就是能力方面的差异;有的人开朗活泼,有的人敏感多疑,这就是气质方面的差异;有的人礼貌待人,有的人粗鲁无礼,这就是性格方面的差异。

个性心理中有一种特殊的心理现象,由于某些社会原因,人们以特定的相互关系和方式组合在一起产生的心理状态和心理倾向,即群体心理。群体心理不是个体心理简单的叠加,而是成员间相互作用、相互影响的结果。不同的群体会有不同的心理现象,个人在群体心理中有可能表现出在个体中完全不同的心理现象。

测一测

发挥你的想象力

下面有三道题,发挥你的想象力,思考一下每张图的两者之间有什么相同的地方?

1. 茶壶和汽船有什么相同的地方(图2-4)?

■ 图2-4
茶壶和汽船

2. 赛车和龙卷风有什么相同的地方（图 2-5）？

■ 图 2-5
赛车和龙卷风

3. 鞋子和铅笔有什么相同地方（图 2-6）？

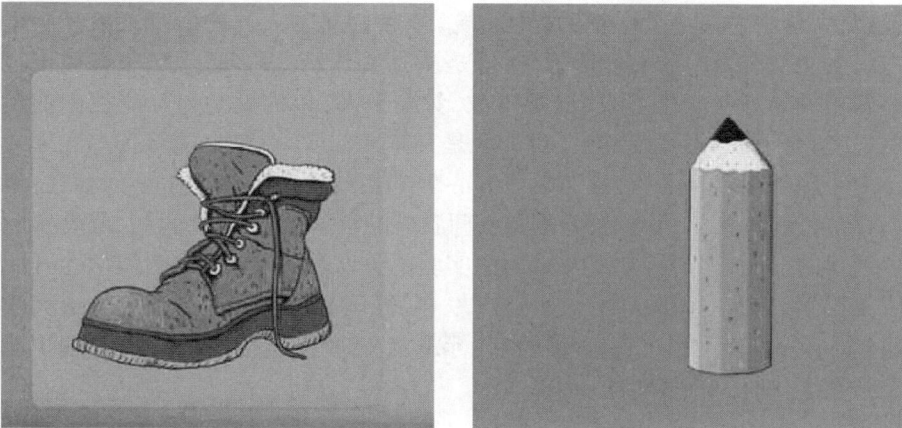

■ 图 2-6
鞋子和铅笔

二、心理学

（一）基本概念

　　心理学是研究心理现象及其规律的科学。心理学是用科学的方法研究个体的行为及精神过程，研究的目的在于描述、解释、预测、控制人的行为。心理学既研究动物的心理，也研究人的心理。在将心理学的学科性质做划分的时候，并不能把心理学简单地归为自然科学或社会科学，这是因为心理学主要研究的是人，人的属性中既包含了自然人，也包含了社会人。因此，心理学是自然科学和社会科学交叉的一门中间科学。

从自然人的层面看,心理的物质基础是脑,心理学需要掌握脑发育对心理发展的作用,脑损伤对心理变化的影响等。另外心理学还要研究人在心理活动时各项生理指标的变化。因此,心理学与生理学、神经科学、遗传学等自然科学密不可分。

从社会人的层面看,心理是在社会环境下发生、发展的,不同的历史背景和文化下,会衍生不同的心理活动和心理现象。例如不同国家的人们,相互间打招呼的方式是不同的,这也是社会层面上一种心理现象的体现。因此,心理学与人类学、社会学、语言学等社会科学密切相关。

(二) 心理学的产生与发展

德国心理学家赫尔曼·艾宾浩斯在《心理学纲要》一书中说道:"心理学有一个长的过去,但却只有一个短的历史。"心理学是一个古老又年轻的科学。

心理学很古老是指,不管在古代西方还是古代中国,人们很早就开始探讨灵魂、人性、欲望等心理学思想,不过当时的心理学属于哲学的范畴。心理学(Psychology)一词源于希腊语,意指"讲述灵魂的科学"。最早在公元前4世纪,古希腊人亚里士多德的《论灵魂》中就论述了人类的心理现象。中国古代虽然没有专门的心理学著作,但是从先秦开始,很多思想学家都提出过心理相关的观点。孔子的"**己所不欲,勿施于人**"讲的就是人际交往中的换位思考,荀子的"**形具而神生**"讲的就是身体具备了,心理才会产生。

心理学很年轻是指,虽然中西方心理学相关的论述和思想早已存在,但一直都是作为哲学的范畴,并不是一门独立的科学。直到19世纪,随着实验生理学的发展,很多科学家开始运用实验的方法研究心理学,心理学才开始脱离哲学,成为一门独立的科学。1879年,德国心理学家冯特在莱比锡大学建立了世界上第一个心理学实验室,标志着心理学的诞生。因此,心理学诞生至今也只有一百多年的历史。

　　心理人物 2-1

冯特建立心理学实验室

冯特(Wilehlm Wundt,1832—1920年)是德国心理学家、哲学家,构造心理学派的创始人之一(图2-7)。他于1879年在德国莱比锡大学创立了世界上第一个心理学实验室。这一举动标志着实验心理学的产生,促成了心理学成为一门独立的科学。

自文艺复兴以来,特别是17世纪,近代科学开始勃兴,经验研究甚为流行。受近代科学和实证哲学思潮的影响,特别是物理学和生理学的直接影响,心理学开始摆脱神学和哲学的附庸地位,一改传统的内省思辨和简单观察的方法,力图用经验和实验来探索和解释心理现象。

　　冯特认为,一切科学的研究对象都是经验,自然科学的研究对象是间接经验,而心理学的研究对象则为直接经验,并把心理学界定为研究直接经验的科学。心理学的研究方法是内省法和历史法。前者适用于个体心理学,后者适合于社会心理学。但他认为,内省法只有与实验法结合起来,成为实验的内省,才是科学的、可靠的。他认为研究心理,实验法是基本的工具。

　　在建立莱比锡实验室初期,冯特亲自规定了实验心理学的研究任务。这些任务重新验证那些已研究过的心理问题,把它们简化为某种经验的和定量的形式,以及探讨心理复合体的构成规律和心理规律。在实验室的前20年内,冯特及其同事们所完成的研究有100多项,包括视觉和听觉问题,反应时间问题,统觉、注意和情感问题。他还创办了《哲学研究》,以发表实验室的研究论文。

■ 图2-7
冯特

（资料来源:岁年网）

城市轨道交通行车安全心理学研究　单元2.2

一、城市轨道交通行车安全心理学的概念

　　城市轨道交通行车安全心理学是研究城市轨道交通行车人员的心理现象及其规律的科学,属于心理学的一个分支学科,是心理学基本理论和方法在城市轨道交通行车安全领域的应用和发展。城市轨道交通行车安全心理学主要针对城市轨道交通行业特点,利用心理学的规律,更好地了解、把握行车安全相关人员的安全心理,探究他们的心理状态与安全行为的联系与规律,减少外部因素对心理状态的波动,提高行车人员的心理素质,预防安全事故的发生,更好地保障城市轨道交通行车安全。

　　在列车运行过程中,列车司机有可能出现视听觉疲劳引发的认知偏差,行车调度员可能出现思维判断失误,车站值班员可能在高负荷工作状态下出现情绪不稳定,或者由于心理素质不佳对紧急情况处理不当等。如案例 2-1 中的阿根廷列车司机由于害怕责罚,心理压力过大,该减速时依然超速,导致发生了严重的列车脱轨事故。为减少以上情况对行车安全的影响,避免事故发生带来的人员伤亡和财产损失,对城市轨道交通行车安全心理的研究就非常必要。

　　影响安全的因素很多,城市轨道交通行车安全心理学主要从心理学的角度研究行车安全问题。同时,行车安全心理学研究也会涉及其他因素,但着眼点是研究分析这些因素是如何影响人的心理,进而影响行车安全的。

二、行车安全心理学研究对象和意义

(一)行车安全心理学研究对象

　　城市轨道交通行车安全心理学研究的对象是行车作业过程中的心理现象,城市轨道交通行车安全心理学是研究行车作业过程中作为主客体的个体、群体和组织的心理现象及其变化规律的科学,其基本内容包括城市轨道交通行车作业中的感知觉特点、注意特性、记忆和思维模式、情绪情感、能力发展、气质与性格、个性心理、群体心理、职业心理及组织管理心理等。

(二)行车安全心理学研究意义

　　城市轨道交通行车安全心理学最主要的研究目的就是为了保证行车安

全,具体来说可以分为以下四个方面:

1. 合理优化配置人员

正确把握城市轨道交通行车人员的心理特征,可以帮助企业在前期进行人员选拔时,增加心理筛查环节,有针对性地选取具有所需心理特质的人员。城市轨道交通行车人员由于其工作的特殊性涉及公共交通安全,需要工作者长时间注意力集中,认真观察,做事细心,遇事沉着冷静。大量的案例告诉我们,总有一些人员比他人更容易发生交通事故,而另一些人员可以做到几十年无安全事故。分析行车人员所需要的心理特征,掌握企业选人的心理筛查依据,可以为城市轨道交通行车安全奠定重要基础。

心理人物 2-2

工业心理学之父闵斯特伯格

闵斯特伯格是工业心理学的主要创始人,被尊称为"工业心理学之父"(图2-8)。闵斯特伯格认为,心理学应该对提高工人的适应能力与工作效率做出贡献。他研究的重点是:如何根据个体的素质以及心理特点把他们安置到最适合他们的工作岗位上;在怎样的心理条件下可以让工人发挥最大的干劲和积极性,从而能够从每个工人处得到最大的、最令人满意的产量;怎样的情绪能使工人的工作产生最佳的效果。1912年,闵斯特伯格出版了《心理学与经济生活》一书,该书在1913年出版英文版时被译为《心理学与工业效率》。他在书中论述了对人类行为进行科学研究以发现人类行为的一般模式和解释个人之间差异的重要性。该书包括三大部分内容:

(1)最适合的人。即研究工作对人们的要求,识别最适合从事某种工作的人应具备怎样的心理特点,将心理学的实验方法应用在人员选拔、职业指导和工作安排方面。

(2)最适合的工作。即研究和设计适合人们工作的方法、手段与环境,以提高工作效率。他发现,学习和训练是最经济的提高工作效率的方法和手段,物理的和社会的因素对工作效率有较强的影响,特别是创造工作中适宜的"心理条件"极为重要。

■ 图2-8
闵斯特伯格

(3)最理想的效果。即用合理的方法在商业中也同样可以确保资源的合理利用。他研究了对人的需要施加符合组织利益的影响的必要性。

（资料来源:360 图书馆）

2. 总结行为规律,预防人为失误

运用心理学的方法,寻找行车人员在行车过程中的行为规律,分析容易产生失误的心理原因,并对症下药,研究出预防人员失误的方法。当一个人长期处于同一环境中,容易出现精神不集中、注意力分散的情况,比如,乘务员(列车司机)每天处于黑暗、嘈杂的列车环境中,时间长了可能对乘务员的注意力有所影响,对城市轨道交通行车安全有极大的隐患。学习城市轨道交通行车安全心理学,可以及时发现作业人员的身心问题,并运用心理学方法解决相关问题,避免人为失误,从而保证行车安全。

3. 增强团队协作力,保障行车安全

一个人的力量是有限的,团队可以将每个人的优势结合起来,形成巨大的凝聚力。行车人员要注意提升工作效率、保证工作安全,同时工作中还会涉及与同事的沟通交往、团队协作。掌握心理学知识,可以帮助作业人员运用正确的沟通方式,增加人际交往技巧,提升人际交往能力,与团队友好协作,将团队合作的优势发挥到最大,进而提升企业价值。

4. 完善自我,实现自我成长

在城市轨道交通列车运行过程中,行车人员各岗位都是非常辛苦也非常重要的,他们除了在工作中要实现自我价值,生活中也需要不断完善自我,实现自我成长。按照马斯洛的需要层次理论,最高层次的需要是自我实现。这需要我们首先了解相关作业人员的能力、性格、气质等,掌握情绪管理的方法,充分运用自身的才能、品质,在运输生产过程中实现自身能力的最大化,实现个人理想和抱负。

三、行车安全心理学研究原则和方法

(一)行车安全心理学研究原则

城市轨道交通行车安全心理学作为应用心理学的一个分支,不管是理论研究,还是实践研究,必须要遵循心理学研究的原则,包括客观性原则、发展性原则、综合性原则、理论联系实际原则。

1. 客观性原则

任何一门科学都要遵循客观性原则,基于客观现实进行研究,尊重客观现实,严禁主观臆测。心理学的客观现实是心理现象,心理现象会通过行为、语言以及生理变化等一系列客观现实反映出来。城市轨道交通行车安全心理学需要基于行车人员的行为、语言、生理反应等客观现实进行研究。

2. 发展性原则

城市轨道交通行车安全心理学的核心研究对象是人,人是一个复杂的生物体,不是固定不变的,随着时间、空间的变化,经历的增加,人的心理活动必然会发生变化。所以要用发展的眼光看待研究对象,把人的心理活动看作是动态变化的发展过程,所有的理论研究和实践研究都要基于这一原则,贴近现实,与时俱进,不断创新,不断发展。

3. 综合性原则

城市轨道交通行车安全心理学要研究行车人员的感知觉、思维、注意、记忆、情绪、意志、能力、性格、气质等多个心理特质,这些心理特质并不是毫无关联的,而是相互联系、相互影响,从而形成一个整体,构成了人的独特性。因此,不能分裂地看待每个特质,而是要将一个特质放在整体中进行学习研究,从而整合出行车作业人员应具备的综合心理特质。

4. 理论联系实际原则

"纸上得来终觉浅,绝知此事要躬行"。作为一门职业课程的学习,必然是为工作实际服务的。心理学是一门理论与实践并存的科学,城市轨道交通行车安全心理学作为应用心理学的分支,要在掌握好理论基础的前提下,通过案例研究将理论带到实践中,根据实际遇到的问题,有针对性地开展学习。

(二)行车安全心理学研究方法

普通心理学的研究方法可以运用到城市轨道交通行车安全心理学的研究中。在日常研究过程中,也要注意城市轨道交通行车本身的特点,可以单独使用以下的研究方法,也可以综合使用,达到互补的效能,有效地反映行车人员在列车运行过程中的心理活动及规律。

1. 观察法

观察法是在自然的情境下,有系统、有计划地对心理活动进行观察、记录,并分析其发生、发展的规律性的方法。例如,通过观察可以得知婴儿坐立、站立、爬行、走路的时间节点。观察法的优势在于某些情境下无法人为操纵,只能通过自然观察;出于道德考虑,不能对某种现象进行控制;观察得到的结果相对比较真实、准确。缺点在于某些自然情境难以重现,观察结果不好论证;观察结果容易受到观察者的主观影响,如观察者的经验、偏好等,使得结果可能不客观。

2. 调查法

调查法是指就某一问题或观点,按照提前准备的问题要求被调查者回答,通过回答的结果分析心理现象的规律的方法。调查法可以分为书面调查和口头调查两种。书面调查多以问卷形式呈现,优点是可以大规模快速地发放、回收问卷,覆盖范围大,调查效率高。缺点是某些被试者可能不认真答卷,或出于其他考虑给出不真实的答案,调查结果的真实性和准确性存疑。口头调查多以一对一的谈话形式呈现,优点是调查者可以根据被试者的表现就某些问题进行深入探寻。缺点是口头调查对调查者的要求较高,需要经验丰富的调查者进行操作,并且也可能出现被试者因为顾虑而给出不真实的答案。

3. 实验法

实验法是在可控的情境下,对于被试者的心理现象进行观察、研究的方法。感觉剥夺实验就是一个实验法的应用,将被试者安排在一个特定情境下,研究人在失去外部刺激的情况下生理、心理的变化。实验法和观察法最大的区别在于情境是否可控,因此观察法得到的更多是"是什么",而实验法除了可以得到"是什么",还可以通过改变情境进一步得到"为什么"。因此实验法的优点就是可以探究心理现象背后的原因,并且通过改变情境,可以反复论证实验结果。缺点是某些情境人为无法控制或出于道德考虑不能控制,这种情境下实验法就不适用;某些被试者当意识到自己处于实验状态时,有可能做出和真实状态下不同的行为,所以会影响实验的结果。

心理实验 2-1

反馈效应实验

心理学家罗西和亨利曾做过一个著名的反馈效应心理实验。他们把一个班的学生分为三组,每天学习后就进行测验,测验后分别予以不同的反馈方式:第一组每天告知学习结果;第二组每周告知一次学习结果;第三组只测验不告知学习结果。8周后将第一组和第三组的反馈方式对调,第二组反馈方式不变,实验也进行8周。反馈方式改变后第三组的成绩有突出的进步;而第一组的学习成绩逐步下降;第二组成绩稳步上升。

这则实验说明,学习者对自己学习结果的及时了解,对学习积极性有强化作用,有助于提高学习效率。反馈方式不同,对学习的促进作用也不同。及时知道自己的学习成绩对学习有重要的促进作用,而且及时反馈比远时反馈效果更好。

心理实验 2-2

霍 桑 效 应

1927—1932年埃尔顿·梅奥在霍桑(Hawthorne)工厂进行了一系列心理学实验(图2-9)。霍桑实验是一系列针对工人在改善各种条件下(如薪酬、照明条件、工间休息等),其生产效率变化情况的研究,但在一段时间后发现这些条件的改善并未对生产率上升产生明显效果,有些甚至毫无作用。这个现象在单个工人以及群体测试中都存在。实验者设计的变量既不是唯一的也不是显著的主导生产率变化的因素。梅奥教授作出的解释是:"六个人组成了一个团队,这个团队在实验中诚心且自发地进行了合作。"此即后来提出的"非正式群体"概念。1955年霍桑实验的结果被定名为"霍桑效应",即指人们知道自己成为观察对象,有改变自己行为的倾向。

实验得出的结论:改变工作条件和劳动效率之间没有直接的因果关系;提高生产效率的决定因素是员工情绪,而不是工作条件;关心员工的情感和员工的不满情绪,有助于提高劳动生产率。

(资料来源:https://wenku.baidu.com/view/2347917a2af90242a895e5a4.html)

■ 图2-9
"霍桑效应"心理实验

4.心理测验法

心理测验法是用标准化量表来测验某种心理特质的方法。心理测验法和书面调查法主要区别在于心理测验法用到的量表是严格按照科学程序编制的标准化量表,对信度和效度有较高要求。如广泛用于智商测试的韦氏智力测试,以及用于人格测试的五大人格量表都是心理测验法;娱乐网站的星座、性格测试大多都不是标准化的量表,只能属于问卷。心理测验法的优点是由于高的信效度,可以比较准确地得到测试结果。缺点是由于心理测验的编制要求高,前期准备一个标准化量表需要耗费较多的人力物力和时间;有些心理特质无法被量化,不能通过心理测验法得到结果。

实训

请完成实训2,见本教材配套实训工作页。

课后交流

1.心理与心理学的含义是什么?
2.心理现象可以分为哪两类? 两者的关系又是怎样的?
3.城市轨道交通行车安全心理学的研究意义有哪些?
4.简述城市轨道交通行车安全心理学的研究方法。

城市轨道交通行车安全心理学（含实训工作页）

CHENGSHI GUIDAO JIAOTONG XINGCHE ANQUAN XINLIXUE (HAN SHIXUN GONGZOUYE)

心理过程与城市轨道交通行车安全

◎ 学习目标

1. 了解感知觉心理现象与行车安全的关系。
2. 理解良好的记忆和思维能力对行车安全的影响。
3. 掌握注意的心理规律与行车安全的关系。
4. 理解控制和调节情绪和意志对行车安全的重要性。

⊛ 内容结构

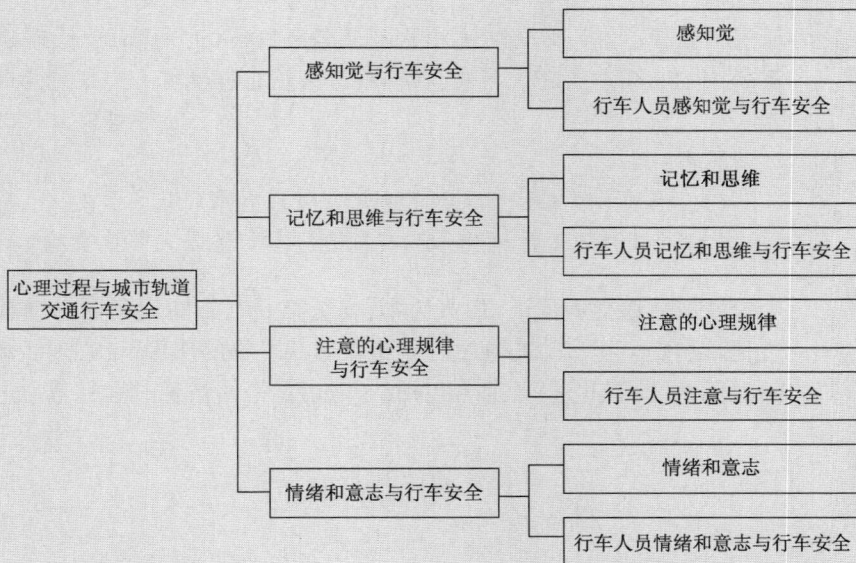

❋ 参考学时

6 学时。

案例 3-1 7·24西班牙列车脱轨事故

2013 年 7 月 24 日晚 8 点 42 分左右，一列从西班牙首都马德里开往北部城市费罗尔的快速列车在途经圣地亚哥附近时发生脱轨，80 人在此次事故中丧生，170 余人受伤(图 3-1)。当时车上大约有 247 名乘客，7 月 25 日正值纪念英雄圣徒圣·詹姆斯的节日，几千名从世界各地赶来的游客前往圣地亚哥。一位幸存者回忆说，意外发生时列车震荡剧烈，后来翻滚起来，他本人便失去了知觉。醒来时，他发现身边全是伤亡者，自己随后被人救出。许多幸存旅客脸上或身上都带着血迹，获救后在一旁等待救治。

■ 图 3-1
西班牙列车脱轨事故

西班牙铁路拥有高速(AVE)、快速和慢速列车三个等级，本次发生事故的火车是快速列车。西班牙高速列车世界闻名，以安全和准时著称，按照 2010 年的统计数字，全长达 2230 公里。

据调查，司机加尔松在事发时正在与铁路公司的同事通话。事故发生前几分钟的"黑匣子"通话记录和录音显示，司机当时正在与公司同事商榷列车行驶线路，并曾翻阅"地图或纸张文件"。法庭表示，尽管司机加尔松尚未被正式指控，但是他目前涉嫌"过失杀人"。"黑匣子"数据还显示，出事列车在进入限速为车速 80km/h 的弯道时，车速竟然一度高达 192km/h。调查人员说，列车制动系统在出轨前一刻才被启动。

(资料来源：中国新闻网)

思考：
(1) 司机的哪些行为导致了这起西班牙列车脱轨事故？
(2) 司机的心理过程会给城市轨道行车安全带来哪些影响？

城市轨道交通强调"以人为本，安全第一"，行车人员的心理状态或心理过程影响安全行车。心理过程是指在客观事物的作用下，心理活动在一定时间内发生、发展的过程，通常包括认知过程、情绪情感过程和意志过程。

感知觉与行车安全　单元3.1

一、感觉和知觉

(一) 感觉

1. 感觉的概念

感觉是人脑对事物的个别属性的认识。人类认识世界是从感觉开始的,感觉是最初级的认识活动。设想一下,面前有一个苹果,我们用眼睛去看,知道它有红红的颜色,圆圆的形状;用嘴一咬,知道它是甜的;拿在手上一掂,知道它有一定的重量。这里的红、圆、甜、重就是苹果的一些个别属性,而我们的头脑接受、加工并且认识了这些属性,这就是感觉。

2. 感觉的分类

感觉可以分为外部感觉和内部感觉。外部感觉接收外部世界的刺激,如视觉、听觉、嗅觉、味觉、肤觉等;内部感觉接收机体内部的刺激(机体自身的运动与状态),如运动感觉、平衡感觉、内脏感觉等。

心理小贴士 3-1

近刺激和远刺激

感觉是由体内、外的刺激作用于我们的感觉器官产生的。20世纪初,美籍德国著名心理学家考夫卡(Koffka)把刺激分成近刺激和远刺激两种。远刺激是指来自物体本身的刺激,如一定波长的光线、一定频率的空气振动等。而近刺激是指直接作用于感觉器官的刺激,如物体在视网膜上的投影等。远刺激是属于物体自身的,因而不会有很大变化;而近刺激是感觉器官直接接收到的刺激,它每时每刻都在变化。例如,苹果是圆的,这是苹果本身的特性,因而是远刺激;但我们看苹果时,有时从它的正面去看,有时从它的侧面去看,这样它在视网膜上的投影时常在改变;同样,苹果表面的反射率是不变的,但我们既可以在白光下看到它,也可以在蓝光下看到它,这时我们得到的近刺激也在变化。了解近刺激和远刺激的关系对我们研究感觉有重要的意义。

(资料来源:Dember&Warm,1979)

3.感受性

感觉是由刺激物直接作用于某种感官引起的,刺激物的强度达到一定强度后便产生感觉,感受性是对刺激物的感觉能力。人的感受性并不是恒定不变的,有些情况下人的感受性会增高,而另一些情况下便会降低。

（1）感受性的变化。由于刺激物对感受器的持续作用而使感受性发生变化的现象叫感觉适应。例如,地铁信号检修工从比较明亮的地铁车站,进入昏暗的地铁区间隧道,起初一片黑暗,如果不凭借手电筒的光亮是看不清信号设备的。过了一会儿,才逐步看清隧道周围的物体。相反,夜班工人下班后,从区间隧道回到地铁车站,最初时刻会感到刺眼目眩,视觉不清晰,但片刻之后,便会恢复正常。前者叫视觉的暗适应,后者叫视觉的明适应。在这个例子中,进入区间隧道后发生的变化是感受性的提高,回到地铁车站时发生的变化则是感受性的降低。这是视觉的情况,听觉、嗅觉、触觉等也都有这种现象。

（2）感受性的发展。感受性代表感觉的能力,不同的人各种感觉能力是不一样的。虽然人出生之后就已有了感觉器官和相应的机能,但感受能力主要还是在后天生活实践中发展、成熟的。比如,由于职业不同而形成的训练差异,有些人在某些感觉的感受性方面明显高于一般人。例如,磨工的视觉异常敏锐,他们能看到 0.0005mm 的空隙,而没有经过训练的人只能觉察到 0.1mm 的空隙。

测一测

测测你的盲点

盲点是视网膜上视神经出入眼球的地方,该点视网膜上没有感光细胞,因此,在视野中出现了一个看不见东西的"缝隙"。我们平时没有觉察到盲点的存在,是因为我们用一只眼睛看不到的地方,却可以用另一只眼睛看到。另外,我们的大脑还会为盲点补充上与背景匹配的信息。

如何发现自己的盲点呢？请用手拿着书本离眼睛一臂远,然后闭紧你的左眼,并用右眼注视图3-2左边的小男孩,缓慢地将书本移近自己的眼睛:你会发现在某一个位置,右边的小球突然消失了,这是因为当时小球刚好落在你的盲点上。在你的视野中并没有出现一个"缝隙",而只是一片白色,这是因为大脑为你补充了与背景匹配的信息。

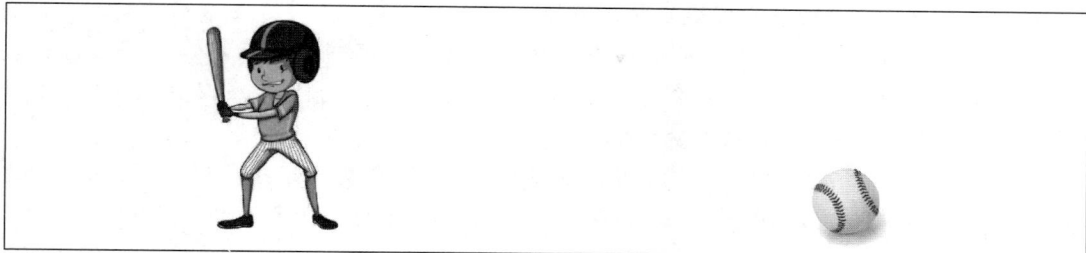

■ 图 3-2
盲点测试

（二）知觉

1. 知觉的概念

人通过感官得到了外部世界的信息,经过头脑的加工(综合与解释),产生了对事物整体的认识,并了解它的意义,就是知觉。换句话说,知觉是客观事物直接作用于感官而在头脑中产生的对事物整体的认识。例如,人们评价一道菜肴,会从色香味全方面评价,涉及视觉器官、嗅觉器官、味觉器官。知觉以感觉作基础,并且总是和客观事物意义相联系。

2. 知觉的种类

根据起主导作用的感官的特性,可以把知觉分成视知觉、听知觉、触知觉、嗅知觉、味知觉等,例如,对物体的形状、大小、距离和运动的知觉属于视知觉;对声音的方向、节奏、韵律的知觉属于听知觉。在这些知觉中,除了起主导作用的感官以外,还有其他感觉成分参与,例如,在视觉空间定向中,常常有听觉或触觉的成分参加;在物体形状和大小的视知觉中,有触觉和动觉的成分参加;在言语听知觉中,常常有动觉或视觉成分参与;在城市轨道交通行车过程中,乘务员只有在多种感知觉共同参与下才能保证行车安全。

根据人脑所认识的事物特性,可以把知觉分成空间知觉、时间知觉和运动知觉。空间知觉处理物体的大小、形状、方位和距离的信息;时间知觉处理事物的延续性和顺序性;运动知觉处理物体在空间的位移等。知觉的一种特殊形态叫错觉。人在出现错觉时,知觉的印象与事物的客观情况不相符合。

说一说

了解更多的错觉

错觉是在特定条件下产生的对客观事物的歪曲知觉。错觉又叫错误知觉,是指不符合客观实际的知觉,包括几何图形错觉(高估错觉、对比错觉、线条干扰错觉)、时间错觉、运动错觉、空间错觉以及光渗错觉、整体影响部分的错觉、声音方位错觉、形重错觉、触觉错觉等。

错觉是对客观事物的一种不正确的、歪曲的知觉。错觉可以发生在视觉方面,也可以发生在其他知觉方面。如当你掂量一公斤棉花和一公斤铁块时,你会感到铁块重,这是形重错觉;当你坐在正在开着的火车上,看车窗外的树木时,会以为树木在移动,这是运动错觉等。

观察图 3-3 ~ 图 3-5 测量你的错觉,试分析除了这些错觉外,你还知道别的错觉吗? 举出你很熟悉的 2 ~ 3 种错觉,并尝试解释以下错觉产生的原因。

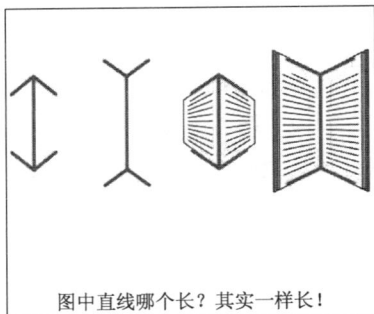

■ 图 3-3
测量错觉

图中直线哪个长? 其实一样长!

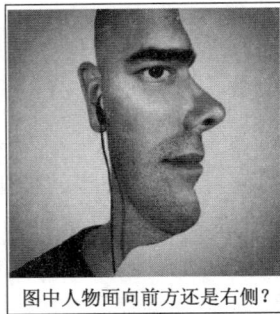

■ 图 3-4
视觉错觉

图中人物面向前方还是右侧?

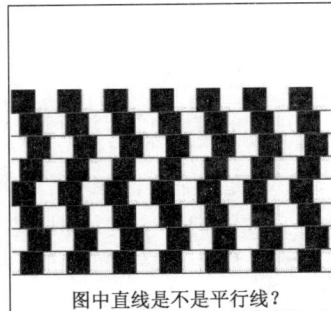

■ 图 3-5
形状错觉

图中直线是不是平行线?

3. 知觉的特性

(1)知觉的整体性。在知觉活动中,整体与部分是相互依存的。人的知觉系统具有把个别属性、个别部分综合成为整体的能力。从图 3-6 中的不规则的线和面可以看出,尽管这些线和面没有连接起来,但仍能看出其明确显示的整体意义,即两个三角形重叠,而后又覆盖在三个黑色方块上。知觉系统把视野中的个别成分综合成为一个有组织的整体,知觉的整体性提高了人们知觉事物的能力。

(2)知觉的选择性。人知觉的客体不是孤立存在的,而是存在于一定的环境和背景之中。因而人的知觉具有这样的一种特性,即对优先知觉事物,形成清晰的映像,而对其周围环境的事物,当成陪衬和背景,形成模糊的感觉。这种把知觉的对象优先地从背景中区分出来的特性就是知觉的选择性。当注意指向某个事物时,该事物便成为知觉的图形,而其他事物便成为知觉的背景,如图 3-7 所示。

(3)知觉的理解性。知觉的理解性是指人们在识别事物的过程中,根据自己的知识经验,对知觉的对象按照自己的意图做出解释,并赋予它一定的意义。知觉的理解性是以知识经验为基础的,是人把对当前事物的直接感知,纳入已有的知识经验系统中去,从而把该事物看成是某种熟悉的类别或确定的对象的过程。如图 3-8 所示,我们看到了在两棵树中间的拿破仑,是因为我们凭自己的经验,对画里的轮廓发挥了理解和想象,这就是知觉的理解性。

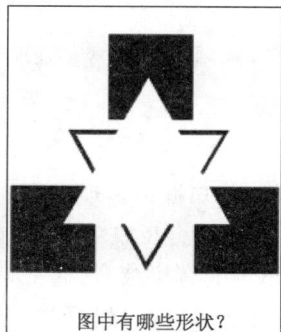

■ 图 3-6
知觉的整体性

图中有哪些形状?

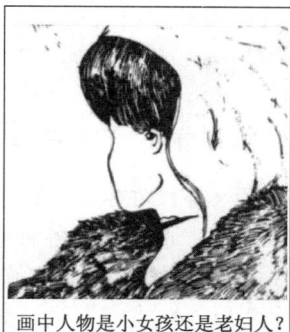

■ 图 3-7
知觉的选择性

画中人物是小女孩还是老妇人?

■ 图 3-8
知觉的理解性

你能从图中找到拿破仑吗?

（4）知觉的恒常性。知觉的恒常性是指当知觉的条件在一定范围内发生变化时,知觉的印象仍然保持相对不变的一种心理倾向。也就是说,只要认识了事物,不管在什么条件下,都倾向于容易抓住事物的本质。个体的经验是保护知觉恒常性的基本条件,如图 3-9 所示,随着轨道向前延伸,在视网膜上视像变成了一个点,但知觉映像不会认为是两条铁轨相交了。在视觉范围内,知觉恒常性有形状恒常性、方向恒常性、大小恒常性、颜色恒常性等。

■ 图 3-9
轨道形状恒常性

心理小贴士 3-2

神志清醒的幻觉

神志清醒的幻觉(Charles Bone 综合征)是一种很罕见的症状,它通常出现在精神正常但部分失明的老年人身上。患者可能会"看见"人、动物、建筑物、花草和其他物体在他们眼前出现或消失。一个患有白血病和部分失明的老人总是抱怨他看见屋里有牛和熊等动物。然而,有这种幻觉的人很容易被告之,他们的幻觉是不真实的,因为他们检测现实的能力并没有受损。这种不寻常的经验说明,大脑一直在寻求有意义的感觉输入。在正常的知觉经验中,主客观世界的统一是非常重要的。

(资料来源:库恩,等,2007)

二、行车人员感知觉与行车安全

感觉是人通过感觉器官对客观事物个别属性的反映;知觉是客观事物的各种表面现象和诸多属性通过人的各种感官在大脑中的综合反映。感觉和知觉二者密不可分,感觉是知觉的基础,知觉是多种感觉的有机结合,通常将这两种心理现象称之为感知或感知觉。案例3-1中,由于司机在驾驶列车过程中翻阅"地图或纸张文件",严重影响了感知觉而导致事故的发生。城市轨道交通行车信号的识别、气味的分辨、乘客表情的判断等许多方面,都要依靠行车人员的感知觉,感知觉与行车安全密切相关。

(一)感觉阈限与行车安全

感受性的变化主要表现在感觉阈限的变化上,一般来说,现代工业希望劳动者具有较低的感觉阈限,即较高的感受性。特别是一些不安全因素较多的生产岗位,较高的感受性有利于察觉一些微弱的信息(尤其一些危险征兆),以便及时有效地防止事故发生。但是,在城市轨道交通行车作业中,有很多因素会影响行车人员的感觉阈限,主要有以下五个因素:

(1)生理因素。遗传和疾病会改变行车人员感觉器官的正常生理功能,造成行车人员感觉阈限的差异。例如,先天性近视眼患者的视觉感觉阈限就较高;再如,一个行车人员平时嗅觉感觉阈限较低,但由于患感冒便会使嗅觉感觉阈限提高。

(2)情绪因素。例如,由于行车人员个人生活中发生了重大事件,使其过度兴奋或悲伤、忧虑等,都会影响感觉阈限。

(3)工作环境。城市轨道交通行车作业过程中,由于环境刺激单调,缺乏变化,这样会使行车人员的感觉产生适应现象而使感觉阈限提高。

(4)个性特点。由于个人责任心、工作态度、兴趣、性格等不同,也会使感觉阈限发生变化。个人如果责任心较强,对工作感兴趣、态度认真,感觉阈限会降低。另外,一般来说具有内向、谨慎、细心等性格特征的人,感受性可能相对较高。

(5)疲劳。由于长时间的操作,会引起神经系统、肌肉等生理功能下降而使感觉阈限提高,从事需要较多精细感觉能力的工作时更是如此。

(二)视知觉与行车安全

视知觉是以视觉器官为主的个体对事物的直接反映,也是个体最常用信息来源的反映。人们接收外来信息的80%以上是靠视知觉获得的。列车运行的过程中,信号显示、线路状况、道岔位置及列车内部仪表等都要依靠视知觉的信息来反映,这是行车人员保证行车安全运行的基本条件。所以,作为行车人员,无论是乘务员还是行车调度员、车站值班员都必须具备良好的视知觉功能,即具有对光的适应能力以及对信号的敏感性和辨别力,而色弱、色盲和近视的人员等均不能从事与行车作业相关的工作。

在行车作业中,尤其是乘务员工作所处的司机室空间有限,封闭,隔热性能较差,且司机室内控制器、驾驶台、配电盘及各种机械设备运行过程中会产生大量的热能,造成温度升高,导致乘务员长时间处于高温环境中,而人在高温环境条件下其视知觉敏感度会明显下降。同时,由于列车的运行速度较高,而人的视力随着运动速度的变化而变化,车速越快,视力下降越大。据资料显示,当列车速度达到72km/h,视力为1.2的司机视力会下降到0.7。而且,眼睛至焦点的视认距离也随车速而变化,当行驶速度为60km/h,视认距离为240m;当行驶速度为80km/h,视认距离为160m。车速提高1/3,视认距离将减少1/3。城市轨道交通列车运行速度一般最高为80km/h,郊区线路能达到120km/h,列车运行时间长、距离远、线路情况较复杂,且大部分时间运行在光线较弱的地下隧道中,这些都将影响到乘务员的视知觉功能,极易发生视知觉错误而造成行车事故。

练一练

视知觉训练

1. 划消数字

表3-1中包括25个数字,请你依次划掉1、2、3、…、25,要求划的同时要把数字读出来。

划消数字视知觉训练　　　　表3-1

13	17	9	12	5
4	23	1	19	22
21	8	15	24	16
14	3	25	2	6
11	7	10	18	20

2. 丛林寻宝

请把每组中不同形状的那个宝物圈起来或从后面写上宝物的个数。

(1)66666666668666666666868666686666668666668666686668( )个。

(2)88888388883838888883888888388888838383838888888888( )个。

(3)FFFHHFHFFFFFFHFFHFHFFFFFFFHFFFFFFFFHFHFFFFFFFFFFFF( )个。

(4)GGGCGGCGCGGCGGGCGGGGCGCGGGGCGGGGGCGGGGGGGCGGGGGGGG( )个。

（5）我我我我找我我找找我我找我我找我我找我我找我
（　）个。

（6）友支友友友友友友支友支友友友友友支友支友友友支友
（　）个。

（三）听知觉与行车安全

听知觉是个体对声波物理特性的直接反映。人们接受外来信息的10%以上是通过这个途径实现的。列车运行过程中，乘务员运用听知觉对车载设备的运转情况进行监控，根据异常声响发现和判断故障，从而努力做到准确、迅速地排除故障。行车调度员运用听知觉来判断控制中心内各设备的运转是否正常，当出现声光报警时，能够第一时间发现问题，及时处理干预，从而降低事故的发生概率。由此可见，具有良好的听知觉同样是行车人员保证行车安全的必要条件。实际上，一方面列车在区间隧道启动、制动、正线运行，空调设备及辅助设备运转过程中所产生的列车噪声，会影响到乘务员的听知觉功能，并对乘务员的工作产生干扰，妨碍了与行车调度员和车站值班员的语言交流，影响到信息传达的清晰度和准确度；另一方面行车调度员、车站值班员所处的环境噪声和大量的线路信息及人员活动的干扰，也会影响到他们同乘务员的有效沟通。很多时候沟通效率和准确度的降低也是导致事故发生的主要原因。

练一练

听知觉训练

城市轨道交通乘务员（司机）常备的行车物品包括手持电台、对讲机等，在进行行车作业时需要使用手持电台和对讲机与行车调度员和车站值班员进行联络，如图3-10所示。所以乘务员必须保证能够正确使用手持电台和对讲机来传递清晰、准确的行车信息。

请同学们练习使用对讲机，以小组为单位进行联络沟通传递信息，训练自己的听知觉。

■ 图3-10
司机使用手持电台

（四）空间知觉与行车安全

空间知觉是辨别物体形状、大小、远近、深度和方位等特征的知觉反应。乘务员在列车驾驶过程中，要随时知觉线路纵断面的情况和车站、自然建筑物、站台、行人的远近及方位；列车所处的方位；车辆、物体和信号机等的方位及距离，才能准确、有效地操纵列车。车站值班员要通过专门的仪器观察列车的运行情况，时刻关注站线列车到发情况以保证列车正常正点运行。行车调度员要时刻紧盯列车运行图中列车位置，指挥列车安全运行。可见行车人员空间知觉的感应，对防止各种行车事故的发生都具有重要的意义，由于城市轨道交通具有全天候运行的特点，因此，列车在运行过程中将面临复杂的自然气候环境条件。恶劣的天气，例如大雨、大雾容易干扰也容易使人产生空间知觉错误。因为在行车过程中，行车人员，尤其是乘务员空间知觉的判断很大程度上与参照物有关，参照物清晰，判断就较准确，大雨和大雾的天气能见度下降，乘务员失去清晰的参照物，容易出现对所需辨别对象的空间知觉错误，而导致行车事故的发生。

案例 3-2　行车调度员：地铁"最强大脑"

"460 呼叫中心，列车在苹果园自动折返失败，需要改用人工驾驶模式进行设备折返。"北京地铁运营有限公司一号线甲班主值调度员谢辉接到司机呼叫，立即回复："注意折返时间！注意折返状态！"

谢辉目不转睛地盯着这辆代号为 460 的车辆从苹果园成功折返至四惠东总站，手写记录下车辆折返各项数据，流程娴熟流畅。

一字排开的 20 余台电脑、不间断的电话铃声、信号机和彩光带不停闪烁的大屏幕……这个庞大的圆形工作室就是谢辉工作的地方——位于小营西路 6 号院的北京地铁调度指挥中心。

乘客每天乘坐的每一趟地铁，汇成一个个红色标志，出现在调度指挥中心的屏幕上，在北京地铁网络中有序匀速地移动。移动速度慢了一点，与前后车距离拉大了一点……这些"异常"都逃不过行车调度员的眼睛。

他们，就是操控城市地铁运行的"最强大脑"。

（资料来源：https：// baijiahao. baidu. com/s？ id =1627687495756
486822&wfr = spider&for = pc）

（五）运动知觉与行车安全

运动知觉是指人对物体在空间位置上移动速度的感应。人的运动知觉受主观、客观因素影响，甚至可能产生错觉，给判断信息造成误差。行车调度员对调度中心大显示屏上列车位置的追踪、车站行车值班员对车站列车到发情况的监视、乘务员对列车移动速度的感知等都离不开人的运动知觉。行车人员的运动知觉敏锐性与行车安全工作息息相关，以乘务员为例，列车在长下坡道运行时，乘务员可感觉到车速增加，经过一段时间后，受人的适应性影响，对列车的增速运动感渐渐淡薄，而觉得列车速度不快。到需要减速时又容易出现对列车速度估计过低，总以为降到了限制速度。如果在需要停车的地点或位置不能及时停车,就可能造成冒进或越出的行车事故。同样地,列车在运行过程中面临的复杂自然气候环境条件也可能造成乘务员产生运动知觉的错误,而导致行车事故的发生。

行车小贴士 3-1

地铁运营过程中司机的工作内容

列车在正线运行的过程中,需要司机对列车进行一系列操作,例如:列车启动、牵引、制动、开关车门等。

随着信号系统的发展,目前大部分地铁线路中,列车已经可以实现自动驾驶操作,也就是 ATO 模式驾驶。除此之外,还有其他的驾驶模式,如 ATPM、RM、NRM、STBY(不同车型,运行模式叫法不尽相同)。

虽然现有的大部分地铁系统都已经实现了自动驾驶,但这并不意味着司机就可以完全解放,没事儿干了。恰恰相反,司机需要时刻保持警惕,随时观察信号显示屏、列车工作状态,在运行中如果发生突发情况,比如区间有障碍物,到站有人跳轨等异常情况时,应立即紧急停车,并报告控制中心的行车调度员或车站综控员。

列车到达终点站后,一般要进行折返作业。常见的就是自动折返方式。当然也有其他的人工折返等方式,也有在中间站折返的。一般每天值乘规定的圈数(几个来回)后,地铁司机才算结束了一天的工作,退勤下班。

(资料来源:https://www.zhihu.com/question/26073848)

(六)提高感知觉,确保行车安全

城市轨道交通行车作业的根本任务就是把乘客安全及时地运送到目的地。城市轨道交通行车作业的作用、性质和特点,决定了行车安全是城市轨道交通系统永恒的主题。行车人员的感觉和知觉对行车安全有着较大的影响。在案例 3-1 中,乘务员加尔松在事发时正在与铁路公司的同事通话,商榷列车行驶线路,并曾翻阅"地图或纸张文件",这些行为有可能降低了他的感知觉灵敏度,并导致出事列车在进入限速 80km/h 的弯道时,车速竟然一度高达 192km/h,而列车制动系统在出轨前一刻才被启动,导致人员伤亡惨重。一起起惨重的事故告诉我们,为确保行车安全,必须保证和提高行车人员感知觉的敏锐性和准确性。

1. 严格执行行车人员的职业挑选制

行车调度员、车站行车值班员以及乘务员是城市轨道交通行车作业的主要工种,在行车安全中处于核心地位,担负着行车安全的重大责任。因此,要求行车人员的感知觉要敏锐,色弱、色盲、近视和听力障碍者均不能从事行车作业工作。另外,还要考虑年龄对感知觉准确性的影响,年长者由于生理机能不断衰退、感知觉准确性下降、体力减退、力不从心,所以不适宜继续担当列车驾驶、行车调度等工作。

2. 充分休息,消除疲劳,保持精力充沛

行车有关人员在进行交接班前必须充分休息。统计数据表明,行车人员的工作疲劳是造成许多重大事故的直接原因。疲劳会使行车人员的感受性大大下降,感知觉的敏锐度显著减弱,且在夜间或清晨人最容易疲劳的时候最容易发生事故,尤其对于乘务员来说,因为疲劳驾驶容易导致失去了对列车的控制和对行车信息的反应。因此,行车人员要注意休息,养足精神,保持良好的精神状态以应对列车运行过程中各种突发事件,保证列车的安全运营。

3. 保持积极稳定的情绪状态

情绪状态对行车人员的感受性有着较大的影响,当处于积极稳定的情绪状态时,行车人员感知觉的敏锐度较高,反应迅速,动作敏捷。相反,当处于消极且不稳定的情绪状态时,心情压抑、精神萎靡不振、感受性大大降低、感知觉敏锐度明显减弱,这时行车人员便会对行车过程中接收到的各种信息视而不见,听而不闻,对环境产生掩蔽作用,这样极易导致行车事故的发生。

4. 必须养成良好的生活习惯

生活当中诸如吸烟、喝酒、赌博以及无节制地娱乐等不良生活习惯都将导致行车人员的感知觉敏锐度下降,给行车安全造成危害。所以,行车人员要坚决摒弃一切强烈的、主动的、长期从事的不良嗜好,时刻把乘客和列车的安全放在心中,不赌博、不酗酒、不吸烟,生活上要有规律,健康有益的娱乐活动也要有节制,学会用健康的心理和体育活动保健自己,以确保行车安全。

5. 培养良好的观察力

行车人员要充分注意到现实当中错觉的存在,认识并掌握它们的规律,提高自身的观察力。

①要有明确的观察目的。要想培养良好的观察力,就必须明确观察目的,而且目的越具体越好。若观察目的明确,则对某一事物的感知就完整清楚,反之,就会左顾右盼,感知失误。

②要掌握正确的观察方法和技巧。观察时,必须根据观察目的,有计划、有次序地进行,对该了解什么,从哪些方面入手,要心中有数;观察时还应用心思考,不能走马观花。

③要拓宽视野,广览博闻。丰富的经验积累是提高观察力的重要因素。一个人若对某一对象一无所知,其观察必定是视而不见,徒劳无功。

④要有良好的心理条件。只有当对某事物或现象有了浓厚的观察兴趣后,才能积极主动持久地去观察和思考,因此,兴趣是观察力得以提高的重要因素。观察时,既要善于抓住事物明显的特征,又要把握事物隐蔽的部分;既要观察事物发展的全过程,又要掌握事物发展中的每一部分或每一阶段;既要搞清事物之间的内在联系,又要找出其细微差别。

记忆和思维与行车安全　　单元3.2

一、记忆和思维

(一) 记忆

记忆是过去经历过的事物在人脑中的反映。过去生活中感知过、思考过的事物,体验过的情感或从事过的活动,都会在人头脑中留下不同程度的印象,并能在以后的生活实践中被回想起来,或它们重新出现时被再认出,这就是记忆。记忆与感知觉不同,感知觉是对当前直接作用于感官的事物的反映,而记忆是对过去经历过的事物的反映。

记忆贯穿于人的整个心理活动中,可以说是最重要的心理过程。人的心理发展,行为的复杂化,都离不开个体经验的积累。人依靠过去的经验,能够正确感知事物,想象、思考和解决问题,适应千变万化的外部世界,顺利地进行工作和生活等各种活动,而经验的积累是靠记忆实现的。例如,在驾驶列车过程中,记忆可以使乘务员积累安全行车的经验,认识事故发生的规律,掌握行车安全的主动权。

在城市轨道交通行车作业中,由于行车人员的安全意识淡薄,遗忘操作规程和安全事项,造成安全事故的现象是常见的,因此,要重视遗忘对城市轨道交通行车安全的影响。永久性遗忘通常是由于教育和培训不足造成的,而暂时性遗忘则多由于临时性的干扰因素(如异常的心理状态、注意力分散、急躁、意识不清醒等)所引起。在城市轨道交通行车过程中,由于行车人员遗忘了操作程序中的某个环节而发生事故的情况时有发生。因此,调节行车人员的心理状态,削弱遗忘对行车安全的不利影响,至关重要。

**案例
3-3**　**成都首个地铁1号线老司机　行车20万公里零事故**

8年,累计驾驶里程20万公里,行车累计1.5万多个小时,1.4万多趟,相当于围着赤道跑了5圈,事故为0……这些数字,都属于成都地铁运营有限公司的电客车(俗称列车)司机凌浩——成都地铁运营有限公司宣布,成都首位20万公里零事故地铁司机诞生(图3-11)。

■ 图 3-11
工作中的凌浩

"做到 20 万公里零事故的最大诀窍是什么?"面对记者的提问,凌浩想了想说:"应该是'死活'结合——死抠标准化操作 + 灵活处理突发状况。"他告诉记者,因为地铁列车的自动化程度非常高,所以列车的驾驶难度并不高,"但零事故,也不是每个司机都能做到的。我的经验就是不断汲取案例教训,对近期发生的故障进行分析总结,针对自身的不足进行整改,不断提升自己的综合能力,牢固树立安全责任意识,出勤前做好充分的行车预想,运行中集中注意力。一方面必须严格按照标准化作业要求执行,不臆测行车,该确认的一定要确认到位;另一方面,遇到规章上没有出现的故障,需要自己灵活处理,但需以保证列车安全,降低故障对运营的影响为前提。"

有没有遇到过什么或急或险的突发状况呢?"当然有。"凌浩向记者介绍,一次是 1 号线南延线还在调试时,行驶中的列车前方轨面上突然有异常的反光。他马上通过"紧急制动按钮"把列车靠停在异物前,然后报告行车调度,申请下车查看。结果"元凶"是前晚轨道施工中不小心留下的一段 50 厘米长、大拇指宽的钢条。"幸运的是当时车速不高,而且及时采取了制动措施,列车才没有'受伤'。假如车速快,又没有及时停车,很有可能发生脱轨事故。"

还有一次是在正常的早高峰运行中,列车突然动不了了。"当时我马上上报行车调度员,在处理无效的情况下,迅速申请车辆进入应急模式。这个时候,列车的自动监控、防护变为需要我人工进行监控,而限速自动报警功能也无效了,需要我控制速度不能超速。"通过紧急地故障排除,列车在下一站及时恢复了正常。

(资料来源:http://www.anquan.party/thread-134670-1-97.html)

(二)思维

1.思维的概念

思维是人脑对客观事物间接的概括的反映。思维可揭露事物的本质特征和内部联系,并主要表现在人们解决问题的活动中。思维有两个重要的特征:

(1)间接性。间接性指通过其他事物作为媒介来认识事物。例如,乘务员在行车过程中看见前方信号机亮红灯,就知道前方区间被占用。

(2)概括性。概括性指把同一类事物的共同特征和本质特征抽取出来加以概括。例如,把苹果、香蕉、桃子、梨等一类东西概括起来叫水果;把红色、黄色、绿色、月白色等一些颜色概括起来是信号灯的基本颜色。

思维的间接性和概括性使之与感知觉明显地区别开来。感知觉受到直接性和具体性的限制,只能认识事物的表面现象和外部联系,而思维却可以揭露事物的本质和规律。思维以感知觉为基础,没有感知觉提供的原始材料,人们就不能进行任何形式的思维活动。

思维是人们认识事物和解决问题的重要形式和途径,积极的思维活动对保证行车安全有着十分重要的意义。例如,案例3-3中的凌浩能够做到20万公里零事故,靠的是自己用心总结出来的"死活"结合——死抠标准化操作＋灵活处理突发状况。他不断汲取案例教训,对发生的故障进行分析总结,针对自身的不足进行整改,不断提升自己的综合能力,牢固树立安全责任意识,出勤前做好充分的行车预想,运行中集中注意力。一方面必须严格按照标准化作业要求执行,不臆测行车,该确认的一定要确认到位;另一方面,遇到规章上没有出现的故障,动脑子用心处理。

2. 思维过程

人们在各种活动中,经常会遇到各种各样需要解决的问题。虽然问题的内容各异,表现形式、出现的情境也各有不同,但解决问题的过程基本上可以分为以下四个阶段:

(1)提出问题。提出问题是解决问题的起点。提出一个问题比解决问题有时更为重要,因为要提出问题必须首先发现问题,进而找到问题的关键、要害,还要明确这个问题有什么特点,解决这个问题需要什么条件等。

(2)形成策略。指形成解决问题的方案、计划、原则、途径和方法,又称之为提出假设阶段,这是解决问题的一个重要阶段。

(3)寻找手段。也就是寻找解决问题的具体方法和相应手段。如果问题较为简单,往往在形成策略的同时就寻找到了手段;如果问题比较复杂,则需要根据解决问题的策略来选择手段。没有正确地选择手段,往往会使正确的策略归于失败。

(4)实际解决。这是解决问题的最后阶段。如果最初提出的问题通过适当的手段最终解决了,这说明策略和手段是正确的;如果没有解决,则说明策略和手段,甚至提出的问题可能有错误,需要进行相应的修正。

3. 思维定式

思维定式是指过去的经验影响着解决新问题的倾向性。当人们在思维中采取一次特定的思路后,下一次就可能采取同样的思路。通过思维活动,观念与观念之间形成联系后,这种联系每采用一次,就会变得更加牢固和难以破坏。因而,人们一旦采用一种不利的思路并加以固定之后,采取有利思路的可能性就越来越小。这种沿着固定思路去考虑问题的现象,就是"思维定式"。思路是可贵的,但有时又起消极作用,因为即使对解决某些问题非常有效的思路也不可能适用一切问题。因此,人们应当自觉采取"逆向思维"的措施,来克服思维定式的消极影响。

练一练

创造性思维训练

1. 请将下面的数字作水平翻转后再写出来(时间2分钟)。

2　　5　　3　　9　　7

2. 下面两组数字有多少相同点?

2468 和 3579

_____

3. 巧排队列。

24 个人排成 6 列,要求每 5 个人为一列,请问该怎么排列好呢?

_____

_____

4. 有两个人比赛骑马,看谁骑得慢,这次比赛跟以往不一样,所以两个人都骑得很慢。一位老者给他俩人说了一句话,两人骑着马,一溜烟就跑了。请问他说的什么?

5. 一家人找房子,一共一家三口,俩大人一孩子。找到房子了,房东说不租给带小孩的人。夫妻俩没办法,结果,小孩给房东说了一句话,房东马上答应他们住下来,小孩说了什么?

二、行车人员记忆和思维与行车安全

在行车作业过程中,乘务员具有较好的记忆能力和较强的思维能力同样对保证行车安全具有重要的作用。

(一)记忆与行车安全

随着现代科学技术的发展,新技术、新设备和新工艺广泛地应用在列车上,对乘务员的技术知识、业务能力有了更高的要求,以适应技术复杂、知识更新的工作岗位需要。因此,乘务员要熟悉和掌握城市轨道交通车辆的结构、原理;要熟悉国家相关机械、电气标准;懂得列车牵引系统、制动系统、运行控制系统、车辆电气的工作原理;具备电工、钳工的基本技能;熟悉和掌握城市轨道交通运营管理、行车组织、运营安全知识;掌握《国务院办公厅关于保障城市轨道交通安全运行的意见》《城市轨道交通运营管理规定》《城市轨道交通行车组织管理办法》等有关规章制度。如果乘务员没有较好的记忆来系统地识记知识、技能以及列车操纵程序,这些复杂的技术知识和业务能力就无法掌握,难以胜任乘务员的工作岗位,更无法保证城市轨道交通行车安全,所以,记忆是乘务人员重要的基本素质。

(二)思维与行车安全

　　思维是客观事物在人脑中概括和间接的反映过程。现代认知心理学把思维看成是人脑对信息的加工过程,是人的心理的最为核心的部分。思维在行车人员的心理中有着最直接、最广泛的应用,与行车安全密切相关,行车人员良好的思维习惯有利于保障行车安全。

　　思维的基本过程表现为一定的思维形式,并体现在具体的思维活动中。概念、判断、推理是思维的三种表现形式。概念是反映对象本质属性的思维形式,判断是肯定事物或否定事物的思维形式,而推理则是由一个或几个已知判断(前提)推出未知判断(结果)的思维形式。如果行车人员对有关行车的各种概念理解得越准确、越全面,就能对思维提供可靠的帮助,从而得出正确的结论。行车人员的思维必须借助于判断产生结果,思维结果也以判断的形式表现出来。由于列车运行是一种非常复杂的工作状态,在某些情况下,行车人员是通过推理来获得应变能力的。

　　分析与综合是思维过程的基本过程。分析是在思想上把事物的整体分解为各个部分、个别特征或方面,而综合是在思想上把事物的各个部分、不同特征或不同方面综合起来。分析是综合的基础,综合是对分析的高度概括。例如,乘务员在列车运行过程中要随时对各种外界信息和车况、路况进行不断的分析,同时做出综合判断,确定行车环境是否良好,做好充分的心理准备,以便正确地操纵列车;而运行途中如果遇到非正常情况下的各种作业,要立即与行车调度员保持沟通,依据行车调度员的决策来进行分析判断、采取对策、妥善处理,否则就会因贻误时机而直接危及行车安全。行车调度员在列车运行过程中要紧盯监控大屏,确认线上每一列车的位置与时刻,控制行车间隔与安全,确保准点运行。车站行车值班员要注意列车到发时刻,组织安排接发列车。因而,较强的思维能力,也是行车人员必备的心理素质。

(三)提高记忆、思维,确保行车安全

1.提高记忆水平,确保行车安全

　　(1)调动记忆的积极性。从记忆的规律看,凡是与人的需要有关的学习内容,就容易记住记牢;凡是能使人感兴趣的知识,就记得快,记得久;凡能激起人积极情感的事物,就能较长久地保留在头脑中。因此,培养记忆力的第一环节是要树立明确的记忆目的,养成强烈的求知欲,培养好学的精神。对于那些复杂而难记的知识,要明确记些什么,怎么去记,为什么要记,唯有如此,才能调动起学习的积极性,使自己的注意、思维、情感都处于积极活动之中,使自己乐不知疲,精力充沛地进行学习。应防止不分重点、难点盲目地记忆或临时抱佛脚,把学习当作苦差事来应付的坏习惯。

（2）明确记忆的任务。实践证明，记忆有没有明确的目的，任务是否得当，直接影响记忆的效果。一般说来，记忆的目标越明确、越具体，记忆的效果越好。该记住的重点内容要下决心严格要求自己记住，不能得过且过。提出的任务要适当科学，一般来讲，要求长期记住的材料，比要求一般了解的材料记忆效果要好；按顺序记忆优于杂乱无章记忆；要求精确记忆的知识比要求记忆大意的材料效果好；可记忆的材料数量越多，困难越大，所需时间也越长，效果也越不好。因此，在短时间内不能要求一口吃个大胖子。同时，还应养成自己随时检查的习惯，学过的东西，过一段时间力图回忆一下，并进行过渡学习，即达到勉强背诵的程度时，趁热打铁再学几遍。

（3）树立记忆的信念。人的记忆有明显差异，比如有的人长于形象记忆，有的人长于逻辑记忆，有的人记忆敏捷，有的人记忆长久。一个人只要大脑正常，其记忆潜力就是无穷无尽的，尽可能增强信心，自觉运用记忆规律，挖掘自己的记忆潜力，才能事半功倍。

（4）加强理解，丰富知识经验。理解是记忆的基础，记忆应以理解为前提。在记忆过程中，多动脑筋，多琢磨，记忆效果就好，如果只是机械重复，效果不会令人满意。学习时要防止走形式，赶速度，不求甚解。对所学知识一定要搞懂、搞通，只有通过积极思考，达到深刻理解，才能牢牢记住。要想加深理解，就必须扩大知识面，丰富知识储备。知识越丰富，就越容易把新学的知识纳入旧体系之中，做到举一反三，触类旁通。这样，理解会更深，记忆会更持久。而知识面窄，孤陋寡闻，对所学材料不理解，就只能生吞活剥，死记硬背，印象不深也就容易遗忘。

（5）合理组织复习。复习是行之有效的记忆方法。首先，复习要及时，因为所学的知识一开始忘，便忘得既多又快，所以要提早动手，不能等忘得差不多了再从头学起。其次，学习形式要多样化。比如，内在联系比较密切的知识可以加以归类复习；研究方法或性质相似的知识可以类比；系统性较强的材料，可以编拟提纲，进行逻辑分类。另外，还要依靠多种器官的协调活动，看、听、说、写、想、读并用。再次，可正确分配复习时间，一般来说，分散学习优于集中学习，这种方法可用于难度大、分量重的内容。而难度小、内容少的材料，可以集中突击。最后，还得注意阅读与试图回忆相结合。单纯地反复阅读，往往会流于形式，印象不深，因此，重点的地方和内容一定要达到背诵的程度。试图回忆可以掌握材料的难点和特点，从而使记忆更有目的性。

（6）注意用脑卫生。虽然说脑子越用越灵，但如果无休止地让大脑紧张地活动，不仅会使人身心疲惫，心神恍惚，而且也会损伤身体健康。所以，有劳有逸，学习时不能拼体力，熬时间，一段紧张学习过后，应适当地休息或运动一下。

试一试

如何增强记忆力

日本学者保坂荣之介在《如何增强记忆力、注意力》一书中提出了一些提高记忆力应注意的要点：静下心来使精神放松，然后再开始记忆；尽量使脑细胞始终保持良好的状态；关键在于要有信心，时刻提醒自己"我能记住"，对记忆的对象要有兴趣，兴趣会成为增强记忆力的促进剂；强烈的需要可以促进记忆；人逢喜事记忆强，所以应注意调控自己的心境；细致的观察有助于记忆；边预想边记忆效果好；熟能生巧。

请尝试用上述方法记忆一段材料，锻炼提高自己的记忆力。

2. 培养良好思维，确保行车安全

（1）培养思维的组织性。思维的组织性是指思维活动的进行有一定的目的、计划和系统性。思维的目的贯穿于思维过程的始终，解决问题时思维过程的每一步都应有明确的目的要求，否则，就会出现思维效率不高或错误。人对解决某一问题的目的和意义认识越明确，解决这一问题的思维活动也就越积极、越认真。思维有组织性的人，思路是清晰的，条理是清楚的，严守着考虑的问题和原则，不混乱不游离，善于一步一步地思考，每一步的目的和要求是明确的。整个思考过程的组织是严密的，系统性是很强的。

（2）培养思维的广阔性和深刻性。思维的广阔性是指思路广阔，思维的深刻性是指善于深入地钻研和思考问题。思维广阔和深刻的人，善于把握事物各方面的联系和关系，对问题总是全面考虑和深追穷问，对事物不断地进行分析，并能在简单而普遍的，众所熟悉的事物中看出和发现重大问题。思维不广阔、不深刻的人，对问题的考虑不全面，对事物的认识浅尝辄止，对重大问题熟视无睹，对调查来的情况，若暗若明，不深不透。因此，要培养思维的广阔性和深刻性，就要使思维不要仅仅停留在记忆的水平，而要超越记忆的水平，运用推理、独立判断、发现问题和解决问题。

（3）培养思维的批判性。思维的批判性是指善于冷静地考虑问题，不轻信、不迷信"权威"的意见，能有主见地分析评价事物，不易被偶然暗示所动摇。思维的批判性是自我意识在思维过程中起作用的结果，自我意识起到对人的认识活动进行监控的作用。有了这种监控作用，人就能调节自己的思维和行动，减少了盲目性，增强了科学性。

（4）培养思维的灵活性。思维的灵活性是思维活动的智力灵活程度。思维具有灵活性的人能根据不同情况和条件灵活地运用知识经验，思维缺乏灵活性的人，则不善于分析问题，而是沿用习惯方式，死套法则，盲目照搬公理去解决问题。思维的敏捷性是指思维过程的速度和效率，但是其本身不能独立存在，必须以其他思维品质为基础。

(5)培养思维的创造性。思维的创造性就是创造性思维的能力,是经过独立思考创造出有价值且新颖的产物的智力品质。思维的创造性是人类思维的高级形态,是智力的高级表现,是独创地解决问题的过程中表现出来的智力品质。没有思维的创造性,就没有创造、发明、发现、革新等实践活动。

(6)培养良好的思想感情和意志性格。人的思想感情、意志性格也影响着思维的准确性,工作热情高低往往影响到思维活动的效率。热情高涨时,思维活动的效率就高,而且思想明确、机智灵活、思维过程迅速。相反,颓废、心灰意冷时,思维活动的效率就低,联想过程进行得就缓慢。情绪激动,急躁紧张,都影响思维的顺利进行。在独立思考过程中经常会遇到困难,若没有坚强的意志坚持工作下去,独立思考就会中断。

注意的心理规律与行车安全　单元3.3

一、注意的心理规律

注意是心理活动对一定对象有选择地集中。因为人在同一时间内不可能感知摆在面前的所有对象,只能感知环境中少数的对象。人的注意的心理机能对保障安全生产极为重要。没有注意,我们的感觉和知觉就会模糊不清,甚至无法对生产环境的信息产生感觉,因此,也就不会做出有效的反应,或完成正确的操作。而注意力不集中时人的判断就易于失误,一切行动就失去协调和准确性。

(一) 注意的种类

1. 无意注意

无意注意也叫不随意注意,是人在没有任何意图和意志努力的情况下产生的注意。比如,一个人在大街上行走,前方树立着一块颜色很鲜艳的广告牌,他便不由自主地去看它的内容,这便是无意注意。

2. 有意注意

有意注意又叫随意注意,是一种自觉的、有预定目的的,并经过意志的努力而产生和保持的注意。例如,乘务员在开始学习列车驾驶时,对操作过程还没有掌握,操作动作还不熟练,稍不注意就会出现冒进信号、紧急制动等情况。因此,他必须经过意志努力集中注意,即进行有意注意。在行车过程中,主要靠有意注意来保证列车的正常运行,只有自觉地集中自己的注意,排除一切内外因素的干扰,才能够专心于工作,及时发现和处理各种异常现象,确保行车安全。

3. 有意后注意

有意后注意,是产生在有意注意后的一种与自觉的目的任务联系在一起的,但不需要做意志努力的注意,是一种特殊形式的注意,是在对活动的意义有了深刻的理解,并逐步掌握了活动的规律,对活动产生直接兴趣后产生的。例如,在初学某项技能时,原本不感兴趣,但为了工作需要,不得不付出很大努力去学习,这时他的注意就是有意注意,但自从他入了门并产生兴趣后,即使不再需要意志的努力也能从事这一学习,这时的注意带有了无意注意的特点,这种注意是在有意注意基础上发生的,所以称为有意后注意或后继性有意注意。有意后注意既服从于当前的活动目的与任务,又能节省意志的努力,因而对完成长期、持续的任务有很大的益处,是种高级类型的注意,是人类从事创造性活动的必要条件。

(二) 注意的特征

1. 注意的广度

注意的广度也叫注意的范围,指在同一时间内所能清楚地注意到的对象的数量,例如我们对多大范围的观察对象能一目了然。人的注意范围是有一定限度的,并且人和人之间也有差异。

另外,人的注意范围的大小也不是固定不变的,影响注意广度的因素主要有两个方面。一是知觉对象的特点。一般来说,对于有规律的、集中的、相互之间能联系为整体关系的知觉客体,则注意范围较大;反之范围就会缩小。二是注意广度的大小也受知觉活动任务的不同和个人的知识经验不同的制约。当知觉任务要求很细致时注意范围就小,反之则大。而人对自己熟悉的事物注意广度要大,反之则小。注意广度在人的生活实践中有很重要的意义。注意范围的扩大,有助于一个人在同样的时间内输入更多的信息,提高工作效率,或及时发现掌握更多的情况。

2. 注意的分配与转移

人们在需要同时进行两种或多种活动的时候,能把注意分配于不同的对象,叫作注意的分配。例如,乘务员在驾驶列车时既要注意观察前方线路、区间占用情况以及客室乘客情况,又要操纵控制手柄,观察列车仪器仪表等电器情况等。注意的转移则是指把注意从一个对象转移到另一个对象上。例如,行车调度员在进行调度指挥过程中,如果突然发现险情,就会把注意力从其他方面移开,立即集中在处理险情上。

注意的分配与转移特征也叫注意的灵活性,每个人在这方面并不相同。有的人很善于分配自己的注意(所谓眼观六路、耳听八方),注意的转移亦较为迅速,而有的人就相对差一些。但这并非是生来所固有的,而与人的工作熟练程度、经验和个性心理特征有关。注意可通过有意识的训练,加以改善。

3. 注意的稳定性

注意的稳定性是指注意长时间地保持在感受某种事物或从事某种活动上,即长时间专心致志地做某种工作而不受其他无关事物的影响。注意的稳定性对安全生产有极为重要的意义,脑子好"开小差"的人容易出事故。例如,行车人员在地铁运营过程中,必须长时间集中注意列车运行的情况,许多行车事故的发生,往往是由于注意力不集中造成的,如案例3-4中追尾事故的发生,就是由于乘务员分散了注意力,在驾驶列车时发送短信酿成大祸。

注意的稳定性并不是每个人都相同的,与人的个性及工作责任心有关,还常常跟一个人的主体状态有关。例如,在失眠、疲劳、生病或有别的事情挂念时,注意不易稳定。

案例 3-4

美国地铁司机低头向女友发短信引发追尾事故

　　2009 年 5 月 8 日,美国马萨诸塞州波士顿市地铁系统发生列车追尾事故(图 3-12),造成 49 人受伤,大约 100 人被疏散。一名司机向警方承认,追尾发生时自己在向女友发送手机短信。

波士顿地铁列车追尾事故

　　警方说,一辆列车 8 日晚正准备减速驶入波士顿市帕克站时被后面一辆列车撞上。事故发生后,乘客被疏散出列车,救援人员用担架或木板把一些乘客抬出车站。

　　波士顿救援部门官员约翰·吉尔说,共有 49 人被送往医院就诊,其中大部分为皮肤擦伤或骨折,2 人有胸部疼痛现象,但均无生命危险。

　　事故调查过程中,伤情最为严重的司机向警方承认,事故发生前他在给女友发送手机短信,当他看到前方列车尾部的红灯时,再踩制动为时已晚。

　　警方并未公布这名司机的身份,但马萨诸塞湾运输局发言人乔·佩萨图罗透露,这名司机现年 24 岁,从事这一工作时间不满 2 年。警方眼下正展开调查,确定事故具体原因。

　　马萨诸塞湾运输局在 2008 年 5 月公布一项规定,禁止司机在驾驶途中使用手机。据报道,那名发短信的司机将很可能遭解雇。

(资料来源:新浪网国际新闻)

二、行车人员注意与行车安全

　　注意是心理活动对一定事物的指向和集中,不仅在感知过程中表现出来,也可以包括在记忆、想象和思维过程中。因此,注意不是一种独立的心理过程,却是心理活动必不可少的条件。注意品质有形成人们感知、记忆、思维等心理活动的作用,并伴随着心理活动的始终。在城市轨道交通行车过程中,行车人员只有集中注意力,才能保证感知的图像清晰、完整,确保思维敏锐、快捷,从而使其在突发情况下的行为及时、准确、有效,保障行车安全。因此,注意品质在行车作业过程中具有重要意义,也是列车安全运行的保证。

(一)无意注意与行车安全

无意注意是一种没有明确目的,也不需要意志努力,自然而然发生的注意。比如,列车运行中,机械部件突然有异常响动,可以引起乘务员的注意,及时排除故障;控制中心 ATS 系统发出报警声,可使行车调度员迅速采取措施组织列车运行;车站的大量乘客聚集或设备故障问题,可能会引起车站值班员的注意,中断行车组织作业。无意注意的这些特点,既可为行车的安全生产服务,又可能造成行车人员分散注意力。

(二)有意注意与行车安全

有意注意是指有预定目的,在必要时还需作一定意志努力的注意,其作用的对象是由预定的目的、任务决定的。对事物的理解和完成任务的愿望,是引起和保持有意注意的重要条件。例如,列车在大风、大雨、暴雪等极端天气环境中运行,乘务员必须有意识地集中注意力,观察线路区间是否有异物侵入,否则可能造成列车脱轨、颠覆等事故,如案例 3-5 中的情形。列车晚点、运行秩序紊乱时,行车调度员要集中注意力,通过自动或人工列车运行调整,尽快按图恢复行车;车站行车值班员要时刻高度集中注意力,遇到特殊问题时及时进行处理。有意注意是行车人员必备的心理品质和最常用的注意方式。

行车人员有意注意的培养,要通过技术业务教育,作业标准化考核,职业责任的加强,安全意识的强化来实现。但如果没有兴趣感和责任心,单纯依靠意识努力来保持注意,容易引起紧张和疲劳,有意注意不能持久。

案例 3-5 一床毛毯"挡路"致轨道2号线运营受阻 司机紧急处理

■ 图 3-13

强风暴雨致异物侵入轨行区

华龙网 2017 年 7 月 29 日 19 时 05 分讯(记者刘艳 实习生 陈维)今(29)日下午,受强风暴雨影响,一床毛毯"入侵"轨道 2 号线李子坝至牛角沱区间轨行区,导致大坪至较场口区段运营受阻。经轨道司机紧急处理,目前 2 号线已恢复正常运营。

今日下午 5 点 59 分,重庆轨道交通官方微博发布信息称:受突然强风暴雨影响,2 号线李子坝至牛角沱区间有异物侵入轨行区,目前大坪至较场口区段运营受阻。工作人员正在抓紧处理。

记者从重庆市轨道交通(集团)有限公司了解到,"入侵"的异物是一床毛毯(图 3-13),行驶至此的司机发现后,紧急报告并停车。随后,司机通过车上备有的专业绝缘棒,将毛毯勾住,收进车内,异物被清理。截至 18 时 20 分,轨道 2 号线已恢复正常运营。

(资料来源:华龙网)

(三)有意后注意与行车安全

有意后注意是指有自觉目的,但不需要意志努力就能维持的注意,兼有无意注意和有意注意两方面的某些特点。对行车人员来说,通过对其文化素质、业务能力、职业道德、职业责任等方面的培训,更重要的是通过其自身的主观努力,使他们逐步地、自觉地、不需要意志努力把注意集中在工作上。这样就会把职业体验作为一种需要,而不是精神负担,并从中体会到工作的乐趣和满足。从而始终精神饱满、轻松愉快地工作,提高工作效率,保证行车的安全。

(四)注意的范围与行车安全

注意范围的大小与被感知的对象的特点有关,刺激物数量越多,呈现速度越快,判断失误也就越大,呈现出正相关;同时又与人的知识经验有关,知识经验丰富的人,善于把所感知的对象组成一个有机整体。比如,列车进站准备停车时,乘务员要和接车站行车值班员电话呼叫、自停报警要复原,列车要调速,要确认站内信号、道岔位置、线路状态、停车位置及周边环境有无异常,注意的范围是很广阔的,行车人员必须把它当作一个整体任务来完成。

(五)注意的稳定性与行车安全

注意的稳定性并不意味着一个人的注意总是指向一个对象,而是说行为所接触的对象和行为本身可以变化,但活动的总方向不变。在列车运行中,乘务员要注意确认线路状况、交叉道口、信号显示、列车本身的机械运转、仪表显示和整个列车的运行状态,行车调度员要注意整条线路列车运行的情况,车站行车值班员要注意保证列车在车站区间的运行安全和正点,这些职业行为都是服务于列车的安全正点这一首要任务。注意的稳定性程度与对象和个人自身的特点有关,也与对目的和任务的兴趣有关。反之,即使一个意志坚强善于控制自己的人在长时间单调的工作环境下,也容易出现注意的分散。

(六)注意的分配与行车安全

注意的分配是指同一时间内把注意分配到两种或几种不同的对象和活动上。这在列车运行中也是经常遇到的。行车调度员监视着整条线路列车运行的情况,乘务员操纵着列车运转,控制着整个列车运行状态,每项作业都必须有条不紊地进行。由于列车高速运行,不确定的因素随时都会发生。如列车故障、报警发生、列车操纵须同时采取相应措施,还要注意前方的线路状态,注意力要分配在几个方面。用"眼观六路,耳听八方"来形容行车人员注意的分配能力恰如其分。

注意分配的基本条件是对两种以上的活动具有相当熟练的程度,这样才有可能对注意进行合理的分配,达到注意分配的协调统一。

(七) 注意的转移与行车安全

注意的转移不同于注意的分配。转移是根据任务的需要有目的地、主动地把注意转向新的对象,使一种活动合理地被另一种活动所代替。例如,列车出站,乘务员注意集中于出站信号、道岔是否已经开通、发车信号是否已经确认。列车经过道口时,注意要集中于行人和车辆。通过道口后,注意应迅速地转移到前方线路上来。要是注意迟迟不能转移,总是集中在一个对象上,中断行车瞭望,就可能导致行车事故的发生。

行车人员的职业性质,要求具有良好的注意品质。在列车运行中,不仅要把注意指向和集中在列车各主要部件和设备的运转上,即把注意稳定在列车操纵上,更要善于在同一时间和空间内把注意指向不同对象,一边瞭望一边操纵,一边了解行车信息,一边监视机车各部件运转状况,既能注意行车工作的各个环节,又能安全平稳地操纵列车。

(八) 集中注意力,保证行车安全

注意的品质在个体上有差别,这与人的状态有关联。但它可以通过个人的努力,借助教育与训练加以培养,使他们的注意具有一定的广度和稳定性,又能灵活地分配和转移。良好的注意力能使行车人员集中自己的精力,提高观察、记忆、想象、思维的效率。可以说,能集中注意力就等于打开了智慧的天窗,培养注意力要从以下几方面人手:

(1)树立远大的理想。树立远大的理想和正确的人生观,可以提高行车人员学习岗位新技术、新知识的自觉性,对培养和正确把握有意注意具有特别重要的意义。行车人员的注意是有倾向性的,受理想、人生观的制约,只有树立了正确的奋斗目标,才能真正调动行车人员的注意力,把心理活动集中在学习和岗位工作上,才能保证行车安全。

(2)培养广阔而稳定的兴趣。注意和兴趣的关系往往是间接的,人对于活动的过程可能没有兴趣,但对于活动的结果却有很大的兴趣,这种间接的兴趣几乎存在于一切自觉进行的每一项活动中,对培养和形成注意力具有重要的作用。

(3)养成细致认真的习惯。注意的分散是学习、工作的大敌,培养和正确把握注意力必须培养细致认真的习惯。一方面,行车人员要加强自身有意注意的培养,用一定的意志力控制自己的注意,自觉抵御外界的干扰;另一方面,还得尽量减少无关刺激的干扰,同时要保持良好的休息和睡眠,增强体质,保证健康;再者行车人员还要养成一丝不苟、严肃认真、精益求精的良好习惯和作风,这对于集中注意,保证行车安全具有重要作用。

(4)培养与职业活动相关的技能技巧。与人们经验有关的事物容易引起人们的注意,与人们的知识结构相近的事物能够激发人们探求的欲望。所

以,为了培养和正确把握注意力,还得不断地丰富行车人员的知识储备与经验材料,只有在有了多种技能技巧的基础上,工作才得心应手,应付自如,注意力也便会自然地集中起来。如果没有熟练的技能技巧,行车人员学习工作起来就会感到没有意思,困难重重,于是,便不自觉地更换目标,注意便无从集中,行车安全也就无法保证。

(5)培养良好的情绪,控制调节激情。情绪低落与波动是行车人员注意力分散的主观心理原因之一。因此,培养行车人员高尚的情操和良好的情绪体验,使其善于控制与调节自己的情绪和行为,是培养良好的注意品质,增强注意力,从而保证行车安全的一个重要心理条件。

试一试

培养和增强注意的 10 个要点

日本学者保坂荣之介在《如何增强记忆力、注意力》一书中提出了培养和增强注意的 10 个要点,比较有启发性,具体如下:

(1)任何人在集中注意时,首先要安心定神;

(2)疲劳是注意力的大敌,所以得注意休息;

(3)关键是要有信心,这样会使头脑处于高度兴奋的状态;

(4)利用适合自己的方法;

(5)要努力对注意的对象发生兴趣;

(6)危机感、紧迫感会促进注意力的集中;

(7)心情舒畅,有助于注意力的集中;

(8)有必要横下一条心;

(9)开阔思路,浮想联翩;

(10)确定完成任务的最后期限。

请尝试用上述方法锻炼提高自己的注意力。

情绪和意志与行车安全　单元3.4

一、情绪和意志

(一)情绪

1.情绪的概念

人们在认识世界和改造世界的活动中,不但认识了客观事物而且还表现出不同的好恶态度,对这些态度的体验就是情绪。喜、怒、悲哀、恐惧等是一些最基本的情绪。

2.情绪的种类

从情绪活动发生的强弱程度和持续时间来看,情绪可划分为心境、激情、应激等基本形态。

(1)心境

心境是一种比较持久、比较微弱而具有弥散性特点的情绪状态。一般来说,心境持续的时间比较长,某种原因引起的快乐或忧愁,往往能持续几天、几个月甚至更长时间。愉快的心境,会使人的一切活动、周围的一切事物都染上满足、快乐的情绪色彩。悲伤的心境则会使人感到事事枯燥乏味,看到周围事物触景生情,引发悲戚之感。

心境对人的生活、学习、工作、健康都有很大的影响。积极的、良好的心境,使人保持旺盛的精力和积极的态度,增强克服困难的信心,提高工作与学习的效率,并促进坚强意志品质的培养。消极的、不良的心境,使人态度消沉,萎靡不振,降低人的活动效率,影响人的身心健康。经常保持舒畅乐观、平静的心境,不仅是工作顺利、身心健康的保证,更是保证生产安全的一个必要的心理条件。

(2)激情

激情是一种强烈而短促的情绪状态。例如,暴跳如雷、狂喜、痛苦、绝望等都属于这类体验。人的情绪激昂时就是处于激情状态,此时人的内心会受到强烈的震动,感情充溢于心,有强烈的感受性,易于冲动。激情通常是由一个人生活中具有重要意义的事件引起的。

激情有积极的和消极的两种。积极的激情可以增强人的信心和勇气,坚定意志和信念,成为激励人的正确行动的巨大动力。消极的激情则会降低人的活力,销蚀信心和斗志,或者过分冲动,出现不适当的行为,对人的学习、工作、健康乃至人际关系等方面产生不良影响,因而对消极的激情应当加以控制。

（3）应激

应激是出乎意料的紧急情况下所引起的高度紧张的情绪状态。人在突如其来或十分危急的情况下,身体和精神上负担太重,必须采取重大决策时,都可能会导致应激状态。

在应激状态下,心跳、血压、呼吸、腺体活动以及精神紧张度等,都会在短时间内发生很大的变化。适当的应激情绪可以调动机体的能量,提高活动效能,使人往往显示出超乎寻常的力量和智慧,做出平时不能做出的英勇行为。但医学心理研究表明,应激状态会对人体健康产生不利影响。特别是当人长时间地面对危险而处于应激状态时,会形成极度的恐惧,这样就会极大地危害健康。

说一说

了解情绪的外部表现

情绪是一种内部的主观体验,但在情绪发生时,又总是伴随着某种外部表现,这种外部表现也就是可以观察到的某些行为特征,即表情。

表情分为面部表情、姿态表情以及语音、语调表情等方面,请认真观察图 3-14 所示的面部表情、图 3-15 所示的姿态表情,说一说图示属于哪种情绪?

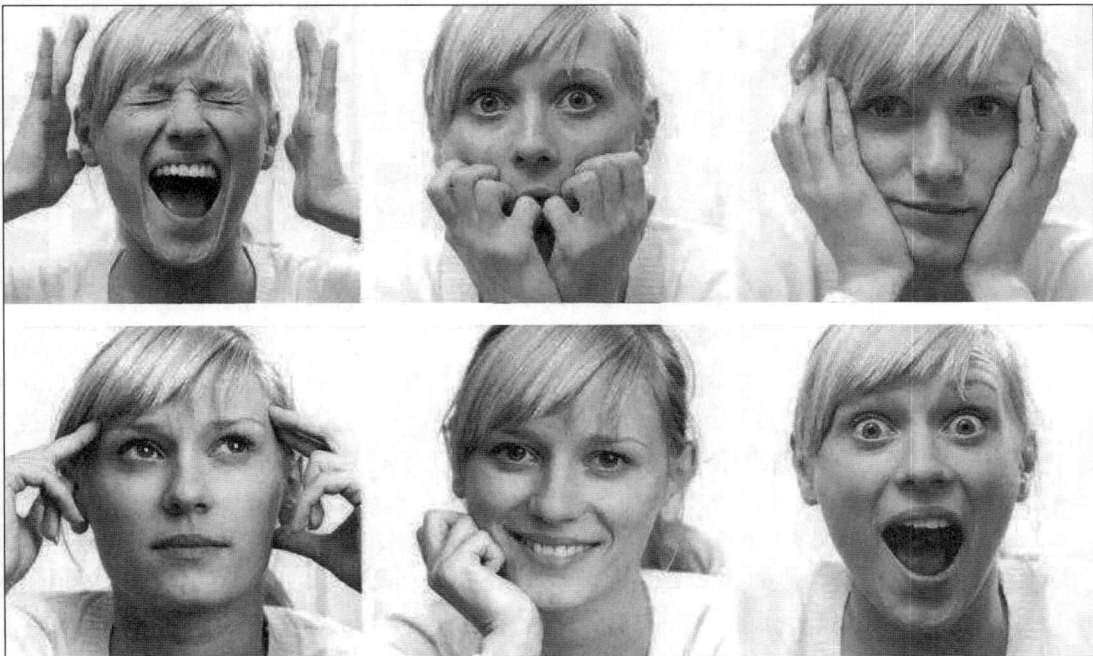

■ 图 3-14
面部表情

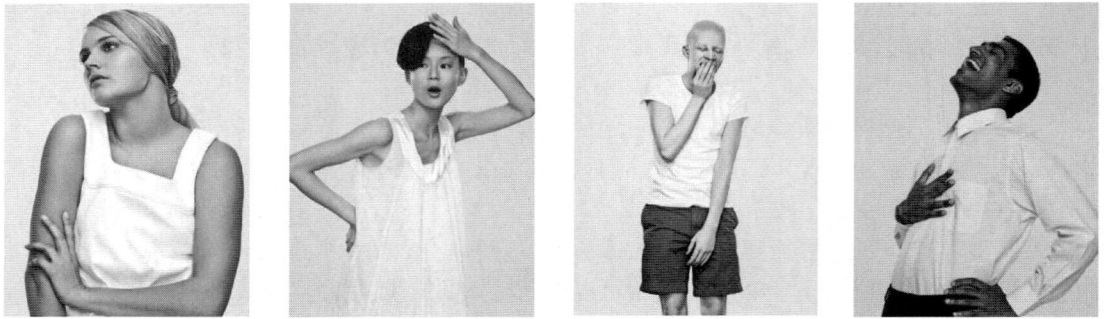

■ 图 3-15
姿态表情

(二) 意志

1. 意志的概念

意志是人自觉地确定目的,并支配行动去克服困难以实现预定目的的心理过程。意志是人类特有的心理现象,也是人的意识能动性的表现。例如,同样是工作中遇到困难,有的人迎着困难,百折不挠,表现出意志坚强;有的人则缺乏信心,优柔寡断,表现出意志薄弱。意志过程的特点如下:

(1)有着明确的预定目的,并根据目的支配和调节行动。因此,人的意志总是在有目的行动中表现出来的,如果离开自觉目的,就没有意志可言。

(2)以随意动作为基础。所谓随意动作是指由人的意识控制的活动。人只有掌握了随意动作,才能根据一定的目的去调节和控制一系列动作,构成复杂的行动,从而实现预定的目的。

(3)与克服困难紧密相连。人的许多意志行动是与克服困难相关的,意志行动可表现为克服主观上的障碍(如情绪的冲动、信心不足、信仰动摇),又可表现为克服外界的阻力(如工作条件、人际冲突)。

2. 良好的意志品质

(1)自觉性。指人在行动中具有明确的目的性,并能充分认识行动的意义,主动地支配自己的行动,以达到预定的目的。自觉性既体现出认识水平,又表现了行动支配。例如,在安全生产中,人的自觉性表现在能认识到安全生产的重要性,主动地服从企业安全生产的需要和安排,认真遵守安全技术操作规程,出色地完成安全生产任务,力求达到企业的安全生产目标的目的。与自觉性相反的是盲目性、动摇性等。

(2)果断性。指人能善于明辨是非,当机立断地采取决策。果断性常与人不怕困难的精神、思维周密性和敏捷性相联系。例如,安全生产活动中,在从事危险作业时,严格按安全技术规程操作,一丝不苟,决不鲁莽行动,一旦出现意外危急情况,果断排除故障和危险。

（3）坚持性。指人在执行决定过程中，为了实现既定的目标，不屈不挠、坚持不懈克服困难的意志力。坚持性包含着充沛的精力和坚强的毅力。坚持性是人们去实现既定目标心理上的维持力量。例如，城市轨道交通列车运行过程中遇到的问题很多，难度也很大，行车人员如何排除主观和客观因素的干扰，善于长期坚持应用各种有效管理手段，做到锲而不舍、有始有终，就需要意志上的坚持性作为心理上的保证。与坚持性相反的是见异思迁、虎头蛇尾。

（4）自制力。指人在意志行动中善于控制自己的情绪，约束自己的言行。自制力一方面能促进自己去执行已有的决定，并努力克服一切干扰因素，如犹豫恐惧；另一方面可以在行动中抑制消极情绪和冲动行为。例如，在行车组织过程中，具有自制力的员工能调动自己的积极心理因素，情绪饱满，注意力集中，严格遵守安全生产制度和规定，遇到挫折或困难时，能调控自己的情绪使之稳定，在成绩面前不骄不躁。与自制力相反的是情绪易波动、注意力分散、组织纪律性差等。

二、行车人员情绪和意志与行车安全

（一）情绪的两极性与行车安全

情绪的两极性从情绪所起的作用方面主要分为积极情绪和消极情绪两方面。在行车过程中，行车人员辨认接收信息、操纵控制设备、观察调整运作等行为均受情绪的影响。当情绪处于积极状态时，感知快速、思维敏捷、动作可靠，能保证系统正常运转。否则，感知觉、思维和反应技能就不能正常发挥，差错增多，导致事故发生的可能性就很大。因此，积极的情绪状态是保证行车安全的充分必要条件，消极的情绪状态及由此产生的侥幸、麻痹、惰性、烦闷、自满和好奇等心理倾向，是行车人员出现差错（辨认不清、主观臆测、理解不当、判断失误等）引发事故的重要原因。

另外，情绪高涨和情绪低落也是情绪两极性的一种表现形式，并且与行车安全有着密切的关系。人在情绪低落时，主要表现为精神不振、心灰意冷，对周围事物的兴趣明显降低，意志减退，特别是注意范围狭窄，头脑中往往时刻被不愉快的事所缠绕，甚至外界很强烈的危险信息都不能引起注意。显然，人在这种情况下操作对安全将极为不利，因为情绪低落者这时很难集中注意于当前的工作，很容易导致错误操作而发生事故。再者，当出现意外危险时，也不易发现危险信号和想起应该采取的措施。与此相反，人在情绪高涨时，兴高采烈，浑身是劲。但这时人的注意范围同样会缩小，因为人在很兴奋时，大脑皮层的有关部位会产生很强的兴奋区，而这时其他部位则会受到较强的抑制。因此，在这种情况下，对安全操作同样是很有害的。

（二）意志与行车安全

人们在自己的生活和实践活动中，为了达到某种既定的目的，而采取着各种行为,而人的一切行为活动都是在某种动机的推动下,有意识、有目的、有计划地进行的。人不仅在行动之前能够在头脑中预想到行动所达到的结果,以及完成这个行动的步骤,而且能够不断克服在行动过程中所遇到的困难,坚持下去以便达到既定的目的。例如,列车司机出勤前要抄写调度命令、值乘计划及当日行车安全注意事项,了解车辆、线路技术状况,做好行车预想。

在城市轨道交通列车运行过程中,意志对行车人员的行为起着重要的调节作用。其一,推进行车人员为达到既定的安全生产目标而行动;其二,阻止和改变行车人员与运营企业目标相矛盾的行动。运营企业确定了安全生产目标之后,就应凭借人的意志力量,克服一切困难,努力争取完成目标任务。人的意志行动是后天获得的复杂的自觉行动,人的意志的调节作用总是在复杂困难的情况下才充分表现出来。因此,行车人员在列车运行过程中,应注重培养和锻炼自身良好的意志品质。

案例 3-6 武汉地铁司机需比拼意志力　一天操作开关900多次

2015年11月初,随着江城地铁3号线首批录用的70名地铁司机到岗、培训、上线调试,记者得以见证他们在工作打拼中鲜为人知的一面:一套地铁班乘,来回驾驶列车20余趟,运营里程400余公里;手动驾驶牵引制动操作800次,开关门监护乘客乘降350次,手指各种信号、道岔、投入点近千次;操作各种开关摁钮900多次。

■ 图3-16
学员在教官的指导下模拟驾驶

江城地铁司机均为各类铁路学校的科班毕业,上岗前至少需用一年时间闯过4关:3个月理论、3个月实操、3个月跟车、3个月考试。跟车带教实行"一对一"(图3-16),师傅认为徒弟合格后"签字画押"。

尽管有自动驾驶,但每一名司机的人工驾驶技能必须每天应用以不致生疏。目前,江城地铁每个班次10点至13点、15点至17点、19点至21点会切换为人工驾驶。

列车运行时,司机右手握在操控杆上,左手拿着对讲机或放在操控台上,精神高度集中地目视前方,随时准备在遇到特殊状况时按下"紧急停车"按钮。穿行在大多昏暗的隧道里,黑暗成为地铁司机们的"伙伴"。

如果说公交司机辛苦拼的是体力,那么地铁司机拼得更多的是意志力。

(资料来源:荆楚网　楚天都市报)

（三）控制调节情绪，保证行车安全

在城市轨道交通行车作业过程中，情绪对行车安全有着极其重要的影响，积极而稳定的情绪状态是保证行车安全的充分必要条件。行车人员在行车过程中不良的情绪状态主要表现在紧张焦虑、抑郁冷漠和冲动敌对等方面，必须加以控制和调节。

1. 消除紧张焦虑的情绪

紧张焦虑是一种常见的情绪应激反应状态，主要是由心理冲突或遭受挫折引起的。比如行车人员面对工作与生活的压力、面对人际矛盾的冲突等，都会引起紧张焦虑的情绪反应，其主要表现为过分担心、精神负担过重、紧张烦躁、焦虑不安，或是得过且过、反应迟钝、意志消沉、萎靡不振。适度的焦虑可使行车人员产生压力，这种压力可以帮助他们克服自身的惰性，激发行车人员更加努力，但过度的焦虑会使行车人员行为失常，造成心理障碍。消除紧张焦虑情绪的方法主要有以下几种：

（1）理智分析。引起紧张焦虑的情绪往往是由于受到某种刺激而引起的，针对此类情绪，行车人员应该冷静地、理智地分析一下，自己对这种刺激的认识是否正确，是否确实可忧、可虑、可惧，如果发现事情并不像自己所认为的那样，那么消极情感就会不解自消了。

（2）学会遗忘。一些人总是对引起消极情感的刺激郁积于心，耿耿于怀，这样只能增强不良情绪的反应。正确的做法是把这些事情尽快地遗忘掉，使自己的思想暂时地离开这些不愉快的事情，从而缓解紧张焦虑的情绪。

（3）转移宣泄。如果对不良刺激遗忘有困难，行车人员可以有意识地通过转移注意力或做点别的事情来分散自己的情绪，如感到紧张焦虑时可以听听音乐、看看电影、外出旅游或参加体育活动等。也可以适当地进行宣泄，如当与人发生矛盾，要勇敢地与对方开诚布公地交换意见，以消除误会。当面对没有把握的事情举棋不定时，可以和自己的至亲好友交流看法，诉说心中的困惑和不安，这样也能缓解紧张焦虑。

2. 消除抑郁冷漠的情绪

抑郁冷漠是一种常见的情绪心境反应状态，主要表现为少言寡语、孤独沉默、郁郁寡欢、闷闷不乐，对一切事物都缺乏兴趣，对未来失去信心，一点细小的过失或缺点也会带来无尽的懊悔，遇事总往坏处去想，自怨自艾、无精打采、精神萎靡、表情冷漠。抑郁冷漠是一种消极的情绪障碍，能扑灭人心头的希望之火，摧残人的意志，抑制人的活动，削弱人的能力，损害人的身心健康。

要消除抑郁冷漠的情绪首先要学会达观，所谓达就是要懂得社会与人生变化的辩证关系，不必把一时的困难看成永久的困难，把局部困难看成是整体的困难，许多事情只要能用乐观主义精神，用发展的观点来想一想，抑郁冷漠就会烟消云散了。其次是加强交往，要尽量参加集体活动，增加与同事们友好往来的机会，真诚的友谊能使自己感受集体的温暖，减少抑郁冷漠的情

感体验。再次是学会心理防御的方法,例如可采用"合理化"机制,即寻找引起忧郁、郁闷的事情发生的"合理"原因,以弥补心理上的创伤。

3. 消除冲动敌对的情绪

冲动敌对是一种常见的情绪反应状态。一般而言,年轻人情感丰富、风华正茂、血气方刚,由于其心理的不成熟和缺乏社会生活的经验,因而在遇事不太如意时,情绪波动较大,容易发生冲动失衡的现象,呈现出激情爆发的状态,在这一方面男性比女性表现更为明显。有的人常常为一些小事发生争吵、谩骂或斗殴。其中,某些个性狭隘的容易产生"敌对"心理,认为周围的人都在轻视自己、伤害自己,因此有着强烈的不满情绪,对他人和集体心怀报复之心,常表现出喜欢做使别人不高兴的事,搞恶作剧,甚至以对他人的戏弄或殴打为乐。

消除冲动敌对的情绪首先是提高自己的道德修养,树立正确的是非观念,懂得区分行为的善恶,做到通情达理。其次要学会管理自己的情绪,当别人用讥讽或嘲笑的语言挑衅时,视若不见或置之不理就是一种有效的方法。再次要能换位思考,通常人们考虑问题时往往强调自己行为的合理性,这样容易出现"得理不饶人"的情况,造成矛盾冲突,因此可以设身处地为别人多想一想,站在别人的立场上思考问题,这样或许感到自己的想法或做法有失之偏颇的地方,从而使许多误会、冲突、纠纷能在彼此的相互理解中得到消除。因此,行车人员应该不断加强自身修养,逐步达到一种"猝然临之而不惊,无故加之而不怒"的成熟境界。

实训

请完成实训 3,见本教材配套实训工作页。

课后交流

1. 什么是感觉? 什么是知觉? 感觉与知觉的关系是什么?
2. 简述影响劳动者感受性的因素有哪些。
3. 简述思维定式对行车安全有哪些影响。
4. 简述注意的基本特征与行车安全的关系。
5. 简述情绪的两极性与行车安全的关系。

个性心理特征与城市轨道交通行车安全

◎ 学习目标

1. 了解行车人员的个性心理特征。
2. 理解行车人员气质和性格对行车安全的影响。
3. 理解行车人员能力对行车安全的重要性。
4. 掌握行车人员应具备的能力特征。

❀ 内容结构

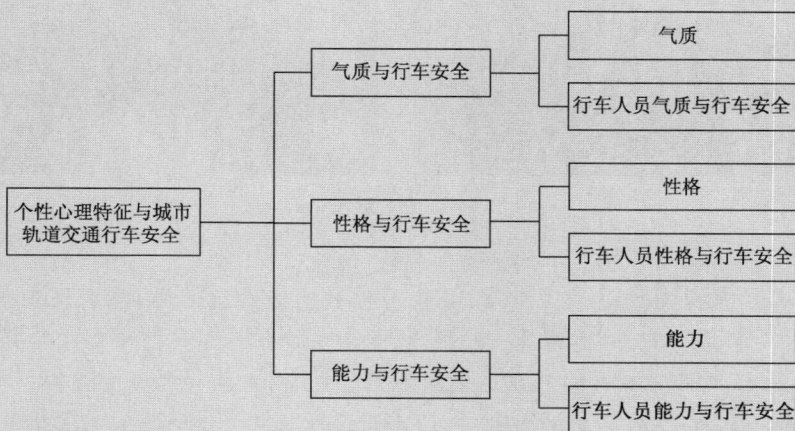

❀ 参考学时

6 学时。

案例 4-1 上海地铁85后最强女司机：10年安全驾驶18万公里

1986 年出生的奚珊珊驾龄已有 10 年,她也是 7 号线招收的第一批女司机。班组长对她的评价是"成熟得蛮快的,在班组里也是佼佼者,对后面进来的年轻女司机起到了很好的带头作用"。

学习商务日语的奚珊珊在十几年前完全想不到自己有朝一日会成为驾驶地铁的女司机。"我连车都不敢开,到现在都还是本本族。"她笑道。

毕业后正好有机会应聘成为地铁工作人员,在 3 号线张华浜车站做站务员做了一年后,恰逢公司有内招司机的机会,也是第一次招收女司机,她就报名了。"我就觉得开地铁很帅,很神奇。"

她还记得自己内招考上之后,接受培训,师傅带教了一年多时间,第一次单独开车是在 2010 年世博会前,7 号线刚刚开通。"那时候每天上班都很亢奋,上车都有些'神兜兜'的,也有些紧张,怕万一遇到突发状况一个人怎么办。"但上了车,穿过眼前一条又一条的通道,犹如穿越时光隧道,迎来光明,看着每天上上下下的乘客都是由她来运送到一站又一站,奚珊珊觉得又新鲜又激动(图 4-1、图 4-2)。

■ 图 4-1
工作中的奚珊珊

■ 图 4-2
列车司机手指确认

7 号线是洞下车站,坐在司机室的方寸空间里,只有面前两块小小的荧幕是亮的,外面都是一片黑暗,长时间高注意力的注视对眼睛损耗比较厉害,奚珊珊本来不近视的眼睛五年前开始散光,不得不戴上眼镜。地铁司机上日夜班,日班从早上 7:00 到 17:00,夜班从 15:30 到晚上运营结束,之后要睡在基地的员工宿舍里面,到第二天检车出库,再从凌晨 4:00 左右继续工作到第三天上午的 9:00 下班,往往睡不好觉。3 年前当上了妈妈,上完夜班回去还要带孩子,那段时间她觉得尤其辛苦。

但说起这些,奚珊珊还是一脸爽朗的笑容。"适应了就好。毕竟我很喜欢这份工作。"到目前为止,奚珊珊的累计安全公里数已经达到 18 万公里,目前已带教出 5 名合格的列车司机。不仅如此,她还在这里收获了爱情,拥有了一个美满的家庭。她觉得自己很满足。

有时候,奚珊珊站在车头,会听到有乘客悄悄议论:"看,这是个女司机。"也有小孩会不停地瞄过来,一脸新奇。那时,她都会挺起胸膛,昂起下巴,帅气地打着手势,心里为自己感到一丝小骄傲。

（资料来源:搜狐网）

思考:

(1)10 年安全驾驶 18 万公里的奚珊珊具备怎样的个性特征?

(2)良好的气质、性格、能力对行车安全工作有怎样的影响?

个性心理特征是个体经常、稳定地表现出来的心理特点,是指那些区别于他人、在不同环境中表现出的一贯、稳定的行为模式的心理特征。个性心理特征主要包括气质、性格、能力,是人的多种心理特征的一种独特组合,集中反映了一个人精神面貌的稳定类型差异。

气质与行车安全   单元4.1

一、气质

气质是指个体生来就有的心理活动的动力特征,与日常生活中人们所说的"脾气""性格""性情"等含义相近。所谓心理活动的动力特征是指心理过程的速度和稳定性、心理过程的强度以及心理活动的指向性特点等。

(一)气质的特征

1. 先天性

人的气质差异是先天形成的,受神经系统活动过程的特征所制约。孩子刚一出生时,最先表现出来的差异就是气质差异,比如有的孩子爱哭好动,有的孩子平稳安静。这些先天的特征,在他们以后的成长过程中,如儿童时期的游戏、作业和交往中都会有所表现。

先天性是人的天性,无好坏之分。气质只给人的言行涂上某种色彩,但不能决定人的社会价值,也不直接具有社会道德评价含义。一个人的活泼与稳重不能决定他为人处世的方向,任何一种气质类型的人既可以成为品德高尚、有益于社会的人,也可以成为道德败坏、有害于社会的人。气质不能决定一个人的成就,任何气质的人只要经过自己的努力都能在不同实践领域中取得成就,也可能成为平庸无为的人。

2. 稳定性

气质是由生理组织因素决定的,对个体来说具有相对稳定性,难以改变。人的气质一般不随活动的内容、地点和情境的变化而转移。例如,一个活泼的乘务员或车站值班员,无论是与乘客、同事还是领导进行交往,都会表现出活跃、善于交际的特点。但是,气质也具有一定的可塑性,如在处理列车运营过程中的紧急突发情况时,行动迟缓的人,可能会变得行动迅速。

气质是个性心理特征的基础,气质使人的心理活动及外部表现染上个人独特的色彩。一个人若具有某种气质,在一般情况下,总会经常表现在他的情感、情绪和行为当中。虽然气质可以受到后天环境、教育的影响而有所改变,但与其他个性心理特征相比较,气质的变化更为缓慢与困难。

(二)气质的类型

1.四种典型气质类型

人们把在一类人身上所共有的或相似的心理活动动力特征有规律地结合,称为气质的类型。气质学说源于公元前5世纪古希腊医生希波克拉底的体液说,他认为人体内有四种液体:黏液、黄胆汁、黑胆汁、血液,这四种体液的配合比例不同,形成了四种不同类型的人。约500年后,罗马医生盖伦进一步确定了气质类型,提出人的四种气质类型是胆汁质、多血质、黏液质和抑郁质,现代的气质学说仍将气质分为这四种典型的类型。

(1)胆汁质。胆汁质又称兴奋型,这种人情绪体验强烈、爆发迅猛、平息快速,思维灵活但粗枝大叶,精力旺盛、争强好斗、勇敢果断,为人热情直率、朴实真诚、表里如一、行动敏捷、生气勃勃、刚毅顽强;但这种人遇事常欠思量,鲁莽冒失,易感情用事,刚愎自用。这种气质的人能以极大的热情投身于事业,勇于克服困难,但是遇到大的挫折时,易表现出极度灰心,情绪顿时沮丧而一事无成。此类人适合于做周期较短且见效快的工作。

(2)多血质。多血质又称活泼型,这种人情感丰富、外露但不稳定,思维敏捷但不求甚解,活泼好动、热情大方、善于交往但交情浅薄,行动敏捷、适应力强;他们的弱点是缺乏耐心和毅力,稳定性差,见异思迁。在日常生活中,这种气质类型的人常表现为动作言语敏捷迅速,活泼好动,待人热情亲切,喜欢与人交往,但又显得有些粗心浮躁、急性子脾气。这种人适合多变性、多样性的工作和生活环境。

(3)黏液质。黏液质又称安静型,这种人情绪平稳、表情平淡,思维灵活性略差但考虑问题细致而周到,安静稳重、踏踏实实、沉默寡言、喜欢沉思,自制力强、耐受性高;但这种人的行为主动性差,缺乏生气,行动迟缓。在日常生活中,常表现为善于忍耐,慢性子脾气,对人感情真挚而不丰富,处事冷静而踏实。这种人严格地恪守既定的生活秩序和工作制度,不为无谓的动因而分心,交际适度,不爱空谈,固定性有余而灵活性不足,对事物不敏感。此类人适于做条理性强、持久性强、重复性和熟练性强的工作。

(4)抑郁质。抑郁质又称抑制型,这种人情绪体验深刻、细腻持久,情绪抑郁、多愁善感,思维敏锐、想象力丰富,不善交际、孤僻离群,踏实稳重、自制力强,但他们的行为举止缓慢,软弱胆小,优柔寡断。在日常生活中表现为对事物和人际关系观察细致,处事严谨,机智敏感,多疑多虑,柔弱易倦,忍耐性差,使小性子脾气。这种人在工作中能任劳任怨,认真负责,一丝不苟,适合于做较为细致和持久性的工作。

说一说

当你阅读《红楼梦》和《三国演义》这两大古典名著时,你会被小说中各具风采、光彩照人的人物形象所吸引。宝玉的多情与反叛,黛玉的抑郁与聪慧,曹操的雄心与奸诈,关公的勇猛与忠诚……

　　按照四种气质类型所描述的特点,说一说以上列举的这4个人分别具备哪些气质类型?

　　人的气质类型可以通过一些方法加以测定。在现实生活中,单一气质的人并不多,绝大多数的人是四种气质互相混合、渗透、兼而有之的,如胆汁-多血质,多血-黏液质等。研究人的气质类型,有助于了解人活动特点的先天因素,发挥气质的积极性方面,克服和改造消极性方面;对某些有特殊要求的工种,有助于选择合适的人员;对人员工作安排上,有助于做到"人尽其才,才尽其用",这在安全生产上有重要价值。

心理小贴士 4-1

气质的生理基础

　　巴甫洛夫用高级神经活动类型解释气质的生理基础,如表4-1所示。大脑皮层的基本神经过程有强度、平衡性和灵活性三种基本特性。根据这三种特性可以将个体的神经活动分为不同的神经活动类型:兴奋型、活泼型、安静型和抑制型。兴奋过程和抑制过程的强度是大脑皮层神经细胞工作能力和耐力的标志,强的神经系统能够承受强烈而持久的刺激。平衡性是兴奋过程和抑制过程的相对力量,二者力量大体相同是平衡,否则是不平衡。不平衡又可分为两种情况,一种是兴奋过程相对占优势,一种是抑制过程相对占优势。灵活性是兴奋过程和抑制过程相互转换的速度,能迅速转化是灵活的,不能迅速转化则是不灵活的。

高级神经活动类型与气质类型表　　　　　　　　表4-1

高级神经活动过程	高级神经活动类型	气 质 类 型
强、不平衡	兴奋型	胆汁质
强、平衡、灵活	活泼型	多血质
强、平衡、不灵活	安静型	黏液质
弱	抑制型	抑郁质

(资料来源:杨治良,郝兴昌.心理学词典[M].上海:上海辞书出版社,2016)

　　2.气质类型的心理特征

　　气质类型的特征有:感受性、耐受性、反应的敏捷性、可塑性、情绪兴奋性、外倾性与内倾性。

　　(1)感受性。指人对外界刺激的最小强度产生心理反应的能力。

　　(2)耐受性。指人在经受外界事物的刺激作用在时间和强度上的耐受程度。它也是神经系统强度特性的反映。

（3）反应的敏捷性。反应的敏捷性是指各种刺激引起心理的指向性和心理过程进行的速度。

（4）可塑性。指人根据外界事物变化的情况而改变自己适应性行为的可塑程度。可塑性主要是神经系统灵活性的表现。

（5）情绪兴奋性。情绪兴奋性是神经系统特性在心理上表现的重要特性,它既表现神经系统的强度特性,也表现平衡性。有的人情绪兴奋性很强,而情绪抑制力弱,这就不但表现神经过程的强度,而且明显地表现了兴奋和抑制不平衡的特点。

（6）外倾性与内倾性。外倾性是兴奋性强的体现,内倾性则是抑制过程占优势的反映。外倾的人表现为心理活动,言语反应和动作反应倾向表现于外,内倾的人的表现则相反。

填一填

根据四种气质类型特点,分析个体的感受性、耐受性、反应的敏捷性、可塑性、情绪兴奋性、外倾性与内倾性等特性的不同,将个体气质类型的心理特征强弱表现填入表 4-2 中。

不同气质类型的心理特征　　　　　　　　　表 4-2

气质类型	感受性	耐受性	敏捷性	可塑性	兴奋性	外倾性与内倾性
多血质						
黏液质						
胆汁质						
抑郁质						

二、行车人员气质与行车安全

任何人无论有怎样的气质,遇到愉快的事总会精神振奋,情绪高涨,干劲倍增;反之,遇到不幸的事情会精神不振,情绪低落。但是有着某种气质的人,对目的、内容不同的活动都会表现出同样性质的动力特点,了解行车人员的气质对行车安全管理有着重要的指导意义。

（一）理解行车人员的气质差异

1.气质没有好坏之分

气质类型虽在心理特征和表现形式上有区别,但其本身无好坏之分,无论哪种气质类型都有积极的一面也有消极的一面,属于哪一种气质类型的行车人员都有可能在工作中取得成绩。如胆汁质的车站值班员可成为积极、热情的人,也可发展成为任性、粗暴、易发脾气的人,在行车组织中可能起到积极作用也可能会起到消极作用。多血质的行车调度员情感丰富,工作能力强,易适应新的环境,但注意力不够集中,兴趣容易转移,无恒心等,对行车组织作业容易造成一定的麻烦。抑郁质的乘务员工作中耐受能力差,容易感到疲劳,但感情比较细腻,做事审慎小心,观察力敏锐,善于察觉到别人不易察觉的细小事物。黏液质的行车调度员安静稳重、善于自制、忍耐,但对周围事物冷淡、反应缓慢。因此,不能用好坏来评价气质类型,对于行车人员而言,能否平衡气质类型中的优缺点是能否保障行车安全的关键。

2.气质不能决定成就

气质不能决定一个人活动的社会价值和成就的高低。事实上任何气质类型的人都有可能获得成功。据研究,以下四位著名作家就是四种气质的代表,普希金具有明显的胆汁质特征,赫尔岑具有多血质的特征,克雷洛夫属于黏液质,而果戈理属于抑郁质。气质类型各不相同,却并不影响他们同样在文学上取得杰出的成就。气质只是属于人的各种心理品质的动力方面,它使人的心理活动染上某些独特的色彩,但是并不决定一个人性格的倾向性和能力的发展水平。所以同一气质类型的行车人员可以成为品德高尚的、对社会作出贡献的人,也可以成为一事无成、品德低劣的人;可以成为先进人物,也可以成为落后人物,甚至反动人物。反之,气质极不相同的行车人员也都可以成为品德高尚的人,成为城市轨道交通行业的能手或专家。

心理小贴士 4-2

艾森克人格理论

汉斯 J.艾森克(1916—1997 年),英国心理学家,主要从事人格、智力、行为遗传学和行为理论等方面的研究。他主张从自然科学的角度看待心理学,把人看作一个生物性和社会性的有机体。在人格问题研究中,艾森克用因素分析法提出了神经质、内倾性-外倾性以及精神质三维特征的理论(图4-3)。他从人格的特质和维度的研究出发,将人格特征分为三个基本的维度:

E 维度:内-外向(introversion-extroversion)

N 维度:情绪稳定性(neuroticism)

P 维度:精神质(psychoticism)

E、N 维度与古希腊盖伦的气质学说相吻合。

以 E 维作 X 轴、N 维作 Y 轴作一平面图,构成四个象限(与气质类型的关系):

外向——情绪不稳定(胆汁质)

外向——情绪稳定 (多血质)

内向——情绪稳定 (黏液质)

内向——情绪不稳定(抑郁质)

气质学说理论认为：

胆汁质(choleric type)：具有过多的黄胆汁,容易激怒。

多血质(sanguine type)：具有过多的血液,充满活力和动力。

黏液质(phlegmatic type)：具有过多的黏液,使人迟缓或懒惰。

抑郁质(melancholic type)：具有过多的黑胆汁,通常表现为忧郁和悲哀。

(资料来源:海慧.艾森克的人格理论[J].外国心理学,1982(03):8-10)

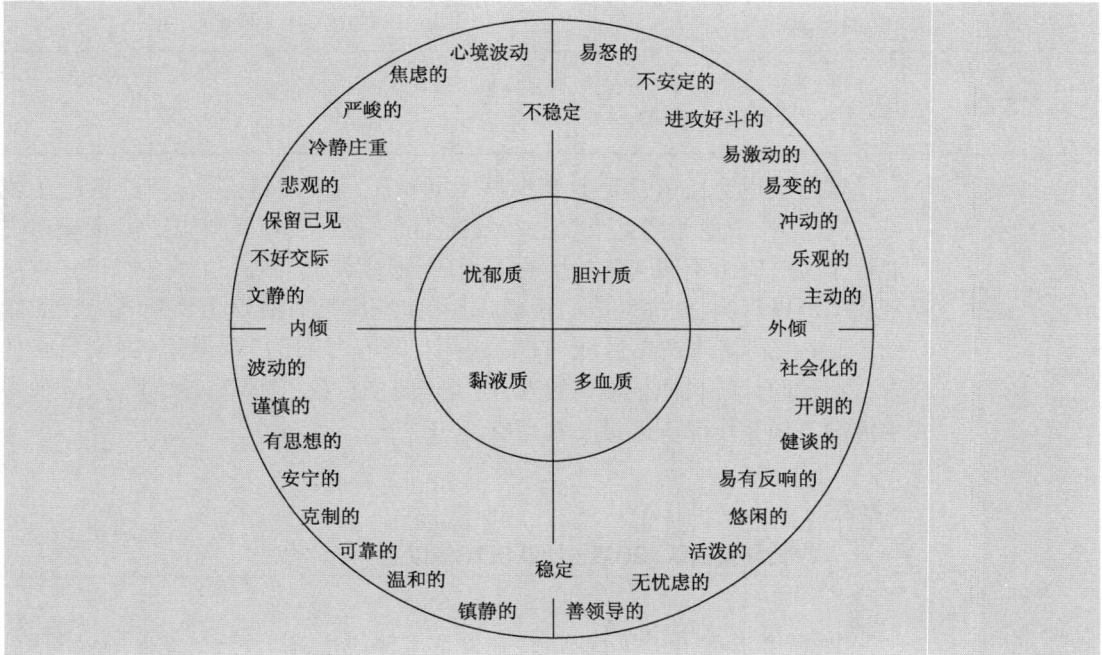

■ 图4-3

艾森克人格模型

(二) 根据行车人员的气质安排工作岗位

　　气质是人的心理活动的动力,不同气质的人有不同的心理活动特征,对人的行为影响较大。气质虽然在人的实践活动中不起决定作用,但气质可能会影响活动的效率。因此,城市轨道交通运营企业在选派行车人员时要尽可能地考虑到他们不同的气质,使行车人员的气质与行车工作的特点相符合,以保证行车安全。

　　需要指出的是,气质与工作的对应关系并不是绝对的,只是相对适合而已。例如,要求做出迅速灵活反应的工作对于多血质和胆汁质的人较为合适,而黏液质和抑郁质的人则较难适应。反之,要求持久、细致的工作对于黏液质、抑郁质的人较为合适,而多血质、胆汁质的人又较难适应。结合城市轨道交通运营工作特点,不同气质类型的工作人员需要进行工作安排见表4-3。

气质与工作的对应关系   表 4-3

气　　质	心 理 特 征	工 作 安 排
胆汁质	情绪发生快而强,言语、动作反应迅速且难于抑制,精力旺盛,直率、热情、果敢、爱冲动,脾气偏,易粗心大意	突击性、开拓性工作
多血质	情绪发生快而多变,活泼好动,富于生机,灵活性强,思维、言语、动作敏捷,乐观亲切,善交际,稳定性差,浮躁轻率	社交、公关、谈判类工作
黏液质	情绪发生慢而弱,沉着冷静,思维、言语、动作迟缓,内心少外漏,坚毅、执拗、淡漠	突击性、严谨、细致、原则性强的工作
抑郁质	情绪发生慢而强,善于观察细节,内心体验深刻而外部表现不强烈,行动反应迟缓,敏感多疑,胆小、孤僻	研究性工作

　　城市轨道交通运营企业要根据不同员工的气质特点,合理配备组织成员,并在工作中使他们克服自己在气质上的缺点,发挥其优点。城市轨道交通行车人员应由不同气质类型的人构成,形成气质互补,这样才能相互克服气质的消极影响,发挥气质的积极作用,使组织具有凝聚力和战斗力。如案例 4-2 中的郑州地铁 5 号线司机班组中,既有号召力、有诚信、决策果断的人,也有细心谨慎、稳重踏实的人,司机班组成员各尽所能,各尽其才,才使得集体的各种工作保质保量高效完成。

案例 4-2　青年突击队:90后占比队伍78%以上

　　"我先给你解释一下,我们这个岗位名称叫电客车司机,就是地铁司机。我是一名电客车司机队长。"清晰的逻辑,严谨的话语,异常的忙碌是我对王双的初始印象。

■ 图4-4
郑州地铁 5 号线王双青年突击队

　　对于王双来说,2019 年 5 月 17 日是一个值得兴奋的日子。在这一天,郑州市轨道交通 5 号线工程(以下简称 5 号线)成功通过初期运营前安全评估,定于 5 月 20 日 10 点 16 分开通载客。兴奋的同时意味着无尽的忙碌,采访到王双已经是晚上十点半,他刚刚和团队结束一天的工作。为了保证 5 号线列车 20 日的顺利平稳运行,他们已经连续奋战数日。

　　电客车司机是地铁运行中的重要角色,他们从事的也是一个艰辛十足的工作。2019 年初,5 号线电客车司机队伍进行了分队重组。1 月 9 日,"王双青年突击队"(图 4-4)正式成立,截至目前共有队员 61 人,其中 80 后 13 个、90 后 48 个,90 后占比 78% 以上。清一色的 90 后男性为团队注入了大量的活力。他们精力充沛,对工作充满了热情。自"王双青年突击队"成立之初,便成为了 5 号线司机队伍的领头羊,他们一直秉承着"最艰苦的担子我们挑,最需要的地方我们去,最紧急的关头我们上,最困难的时刻我们到"的宗旨,为 5 号线如期顺利开通保驾护航。

所有的坚持和梦想有一天终会实现。2019 年 5 月 14 日,郑州地铁举行了 5 号线初期运营发布会。发布会上,地铁集团有关负责人表示,2014 年底开工,至今已建设 4 年零五个月的 5 号线,在本月 15 日至 19 日开启乘客试乘。对于王双团队的电客车司机来说,那一刻尤为重要。王双说:"队里的人内心都是激动的,因为载人运行之前,他们已经驾驶 5 号线列车在隧道里来来回回无数次,甚至一个来回见不到几个人。在内心深处,每一个 5 号线电客车司机都在等待,等待乘客踏上自己的列车。"

（资料来源：大河网）

性格与行车安全 单元4.2

一、性格

性格是个性最鲜明的表现,是个体比较稳定的对待现实的态度和习惯化的行为方式。如在现实生活或工作中,有的人做事总是充满自信,有的人则总是显得有些自卑;有的人总是活泼好动,有的人则总是沉默寡言等。这种对人、对己和对事的稳定态度和习惯化了的行为方式就是性格。

人的性格一般特点:

①稳定性。性格是在人的活动过程中,受客观事物的各种影响而逐渐形成的,一旦形成就比较稳定,并在活动中经常表现出来。

②独特性。每一个人的性格千差万别,即使是双胞胎的性格也无法完全相同,因而每一个人所展现的性格是有差别的。

③复杂性。在五彩斑斓的世界里,人对客观事物的态度以及相应的行为方式也是多种多样的。

④可变性。随着年龄的增长、文化教育程度的提高、工作环境的变化等,人的性格也会发生变化。

⑤联系性。性格不是孤立存在的,与个性特征中气质和能力有着密切的关系。

(一) 性格的特征

性格是一个十分复杂的心理特征,与其他心理现象密切相关,并通过不同的侧面表现出来。这些不同侧面的特征又有机地结合成为一个整体,从而构成每一个人的不同性格。

1.性格的态度特征

性格的态度特征是指人对待现实的态度方面的特征,是性格的最重要的组成部分。人接受现实生活的影响,总是以一定的态度予以反应。由于客观现实的多样性,性格的态度特征也是多种多样的。具体表现为以下三个方面:

(1)对他人、集体、社会的态度特征。如爱国、爱集体、富于同情心、诚实、正直、有礼貌等;与此相对立的是对国家和集体漠不关心、自私、孤僻、虚伪等。

(2)对学习、工作、劳动和劳动产品的态度特征。如勤劳或懒惰;有责任心或粗心大意;认真或马虎;有创新精神或墨守成规;节约或浮华等。

(3)对自己的态度特征。如谦虚、谨慎、自尊、自信、自律以及与之相对的自大、自卑、自弃等。

2.性格的意志特征

性格的意志特征是指人在调节自己的心理活动时表现出的心理特征。

(1)对行为目标明确程度的特征,例如:有目的性或冲动性;独立性或易受暗示性;有组织纪律性或放纵性等。

(2)对行为自觉控制水平的特征,例如:主动性和自制力等。

(3)在紧急状态或困难情况下表现的意志,例如:勇敢、果断、镇定和顽强等。

(4)对自己作出的决定贯彻执行方面的特征,例如:有恒心、坚韧性执拗、顽固性等。

3.性格的情绪特征

性格的情绪特征是指人产生情绪活动时在情绪的强度、稳定性、持续性以及主导心境等方面表现出来的心理特征。

(1)强度特征。表现为一个人的行为受情绪感染和支配的程度以及情绪受意志控制的程度。例如,有的人情绪情感体验比较强烈,一经引起,难以用自己的意志加以控制;有的人情绪情感体验则比较微弱,总能保持平静,易于用意志控制自我情绪情感。

(2)稳定性。表现为一个人的情绪波动幅度的大小。有的人情绪容易波动,起伏程度大;有的人情绪一直比较平静,自我控制力强,不易看出起伏波动。

(3)持续性。表现为情绪活动持续时间的长短以及影响身体、工作、生活的持久程度。有的人情绪活动维持时间短,稍纵即逝,不着痕迹;有的人情绪活动持续时间长,对自我心理影响较深。

(4)主导心境。每个人都具有主导心境。有的人总是心境开朗,振奋快乐;有的人则多愁善感,抑郁沉闷。

4.性格的理智特征

性格的理智特征是指人在认知活动中表现出来的心理特征,又称性格的认知特征,主要指人在感知、记忆、想象和思维等认识过程中表现出来的认知特点和风格的个体差异。例如,表现在感知方面的有主动与被动、详细与概括;表现在记忆方面的有主动记忆与被动记忆、形象记忆与逻辑记忆以及记忆的快慢、保持的是否持久;表现在思维方面的有独立型与依赖型、分析型与综合型;表现在想象方面的有广阔与狭隘、丰富与贫乏等。

(二)性格的类型

1.外向型和内向型

瑞士著名人格心理学家荣格依据"心理倾向"来划分人格类型,提出了内-外倾人格类型学说。荣格认为,当一个人的兴趣和关注点指向外部客体时,就是外倾人格;而当一个人的兴趣和关注点指向主体时,就是内倾人格。在荣格看来,任何人都具有外倾和内倾这两种特征,但其中一种可能占优势,因而可以确定一个人是内倾还是外倾。外倾人格的特点是:注重外部世界、情感表露在外、热情奔放、当机立断、独立自主、善于交往、行动快捷、有时轻率。内倾人格的特点是:自我剖析、做事谨慎、深思熟虑、疑虑困惑、交往面窄、有时适应困难。

2.“大五”人格

“大五”人格是 20 世纪 90 年代以来较活跃的人格研究课题,也是目前对人的基本特质最理想的描述之一。

所谓“大五”,就是涵盖人格的五个因素:

①外倾性:是指个体对关系的舒适感程度。外倾者喜欢群居,善于社交和自我决断;而内倾者倾向于封闭内向、胆小、害羞和安静少语。

②随和性:是指个体服从别人的倾向性。高随和性的人是合作的、热情的和信赖他人的;低随和性的人是冷淡的、敌对的和不受欢迎的。

③责任心:是指对信誉的测量。高度责任心的人是负责的、有条不紊的、持之以恒的;低度责任心的人则很容易分散精力、缺乏规划性,而且不可信赖。

④经验的开放性:是指个体在新奇方面的兴趣的热衷程度。开放性高的人往往富有创造性、凡事好奇,和具有艺术的敏感性;开放性低的人则保守,对熟悉的事物感到舒适和满足。

⑤神经质:是指个体承受压力的能力。神经质也可以用它的另一端,即情绪稳定性来代替。高情绪稳定性的人通常自信、平和、有安全感;低情绪稳定性的人则容易紧张、焦虑、失望和缺乏安全感。

无论是任何年龄、性别、种族、社会和国家的人,都可以用这五个因素来描述人们之间的个性差异。每个因素都是从一个极端到另一个极端的连续体,每个人都是位于这个连续体的某一位置上。

心理小故事 4-1

“大五”人格的发现

从奥尔波特的开拓性工作,到卡特尔提出 16 种根源特质,再到“大五”人格的发现,一个基本的假设一直贯穿始终,即词汇学假设:人类生活中重要的方面会被赋予描述的词汇,不仅如此,如果某个事物真的重要而且普遍存在,在所有语言中它都会被赋予更多的词汇来描述。于是从词汇中去发现人格特质成为了人格研究的重要途径。奥尔波特率先开始了这项艰苦卓绝的工作,他让助手精确地数出了在英语辞典中有多少个描述人格差异的词汇,结果是 17953 个。之后他又从中挑拣出 4500 个,但这显然还是太多了。后来卡特尔从这 4500 个词中选出了他认为特别重要的 35 个词,并对它们进行了因素分析。

1949 年,菲斯克从卡特尔的词汇表中选出了 22 个用于分析,他对比了在这些特质上自我评定和同伴评定、心理治疗师的评定之间的关系。他的分析发现有五个因素总是最先出现在列表上,这就是后来的"大五"人格因素。十几年后,由两位心理学家组成的研究小组检验了包括大学生和空军职员在内的 8 个样本的数据,也发现了同样的五个因素。随后多年,在更大范围样本研究中,"大五"人格因素一直不断被重复发现,直至成为一个西方心理学界公认的人格特质模型。

(资料来源:范德,2009)

二、行车人员性格与行车安全

行车人员的性格与行车安全有极为密切的关系。由于城市轨道交通运营环境复杂,要求行车人员不但需要具备高超娴熟的专业技术技能,还必须有良好的性格,尤其是良好性格的情绪特征(情绪稳定性、持久性、主导心境等方面的特征),如案例 3-1 中,85 后女司机奚珊珊除了具备娴熟的驾驶技术,还有着良好的性格,所以能够在 10 年时间里安全驾驶 18 万公里。

(一) 容易引发事故的性格类型

一些研究成果表明,事故的发生率和员工的性格有非常密切的关系,通常具有以下性格特征的人更容易发生事故。

(1)攻击型性格。这种性格类型的人,常妄自尊大,骄傲自满,在工作中喜欢冒险,喜欢挑衅,争强好胜,不接纳别人意见。这类人即使技术和技能都比较好,但也很容易出大事故。

(2)孤僻型性格。这种性格类型的人,往往性情孤僻、固执、心胸狭窄、对人冷漠,其性格多属内向型,与同事关系不好。

(3)冲动型性格。这种性格类型的人,常常性情不稳定,情绪起伏波动很大,易受情绪感染支配,易于冲动因而在工作中易受情绪影响,忽视安全规程。

(4)抑郁型性格。这种性格类型的人,心境抑郁、浮躁不安,由于长期心境闷闷不乐,精神萎靡不振,导致大脑皮层不能建立起良好的兴奋灶,干什么事情都提不起精神,很容易因工作失误而造成事故。

(5)马虎型性格。这种性格类型的人,常常工作态度马虎、做事敷衍了事、粗心大意,这往往是造成事故的直接原因。

(6)轻率型性格。这种性格类型的人,在紧急、困难情况下或发生异常情况时常表现为惊慌失措、优柔寡断或轻率决定、鲁莽行事,坐失排除故障、消除事故的良机,发生一些本可以避免的事故。

(7)迟钝型性格。这种性格类型的人,往往思维和反应迟钝,行动缓慢,做事懒惰、不爱操心,这也往往是导致事故发生的原因。

(8)胆怯型性格。这种性格类型的人,遇事懦弱、胆怯、缺乏主见,不敢坚持原则,人云亦云,不辨是非,不负责任,在某些特定情况下,也很容易造成事故。

具有上述不良性格特征的行车人员给城市轨道交通行车安全带来的影响是消极的,对安全行车极为不利。因此,平时对具有不良性格特征的行车人员,要加强安全教育和安全行车的督查,尽可能安排他们在发生事故可能性较小的岗位上。对于行车安全重要工作岗位(如行车调度员、信号员、司乘人员等),在聘用时必须注重考察其性格特征,同时关注行车人员职业压力的调节,如案例4-3中,由于长时间对着隧道,加上各种身体、心理上的压力,有的司机会因此抑郁,运营企业会定期给司机做心理测试,休息的时候组织很多娱乐活动,培养他们乐观开朗的性格,保证其以最佳状态驾驶列车,以确保行车工作绝对安全。

案例 4-3 90后地铁司机的穿行人生

周贵平,苏州人,1993年出生,一个标准的90后,阳光、爱笑,脸上洋溢着青春该有的气息。这个大男孩已经开了一年地铁(图4-5)。提起第一次开车,他说手心直冒汗,都不敢关车门,因为害怕乘客被夹。作为地铁司机,他说只掌握业务技术远远不够,更重要的是"把乘客安全放在首位"的责任感。"开车时间越长,运送的乘客越多,就越了解安全有多重要。"他说。

■图4-5
苏州轨交司机周贵平

周贵平介绍说,地铁司机的视力要保证在5.0以上,车门与屏蔽门之间的空隙是最最重要的生命线,这要求司机的视力必须要好,缝隙内的一个纸片都不能放过。长长的隧道、飞驰的列车,狭小的司机室内,司机也是寂寞的,手机飞行模式、不能吃东西。每天手指口呼达上千次,手指口呼看起来只是一个简单的动作,但每天重复同一动作,这对司机也是一个不小的考验。但是在司机的心里,每天默默坚守这份枯燥与平淡,则意味着为数以万计的乘客带来畅通与平安。

由于长时间对着隧道,加上各种身体、心理上的压力,有的司机会因此抑郁,所以公司都会定期给司机做心理测试,休息的时候组织很多娱乐活动,培养他们乐观开朗的性格。他们自己也会在闲暇时刻意锻炼身体,有好的身体才能应对这巨大的压力。

在问及对未来有什么规划的时候,周贵平笑着说,自己现在很佩服这个光荣的职业,自己不仅要干一行、爱一行,还要干一行、精一行。现在最想做的事就是把车开好,把每个乘客安全送到目的地。他说自己想参与到苏州轨道交通新线的建设中去,做出更多的努力。就像他们的宣传语一样:为苏州加速,让城市精彩!

(资料来源:新浪网)

(二)依据性格类型匹配工作

美国学者霍兰德曾对个性与职业匹配问题进行了深入的研究。他认为人可以被归纳为六种类型,这六种人格类型的特点见表4-4,按照固定的顺序可排成一个六角形(图4-6)。职业环境也可分成六种类型,这六大职业类型也按照一个固定的顺序排列成一个六角形。在这个六角形中,类型之间的距离越近,就越具有相似性,相互之间的匹配性越高。反之,位于对角线上的两个类型的匹配性最低。人格与工作环境的匹配性高低可以预测个体的职业满意度、职业稳定性和职业成就。

各种人格类型的特点及其匹配职业　　　　　　　　　　表 4-4

类　　型	特　　点	匹　配　职　业
现实型	现实的、机械的,具有传统的价值观,倾向于用简单、直接的方式处理问题,用机械和技术能力来进行生产	有规律的工作,如机械工、电工、电器修理工、列车司机等
研究型	理性的、聪明的,喜欢以复杂、抽象的方式看世界,倾向于用理性和分析的方式来处理问题	需要思考、理解和组织的智力工作,如生物学者、化学家、程序设计员等
艺术型	富有创造力和想象力、直觉能力强,不随大流,独立性强,不喜欢受人支配,常以复杂和非传统的方式来看世界,与他人交往更富于情感和表达	创造性强而无章可循的工作,如音乐家、作家、演员、编剧等
社会型	助人为乐、易于合作、善解人意、灵活而随和。常以友好、合作的方式来与人相处	能够帮助和提高他人的工作,如教师、护士、心理咨询师等
企业型	个性积极、有冲劲,具有领导和演说才能,希望拥有权力和地位,受人注意,并成为团体的领导者,通过控制的方式来处理问题	能够影响他人的工作,如企业管理者、律师、政治运动领袖等
常规型	保守谨慎,注意细节,有责任感,喜欢整洁有序,擅长文书工作,常以传统和依赖的态度来看待事物,并以认真、现实的方式来处理问题	有序性强、清楚明确的工作,如会计、银行出纳、图书管理员等

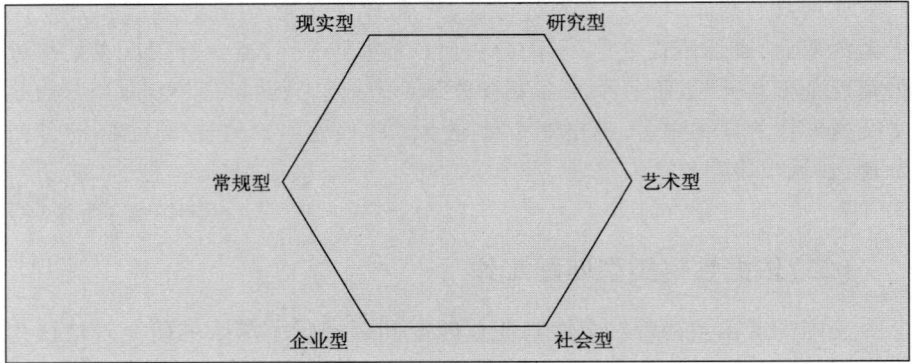

■ 图 4-6

霍兰德的人格-工作匹配理论模型

能力与行车安全　单元4.3

一、能力

能力是指人们成功地完成某种活动所必需的个性心理特征。能力和活动紧密地联系着,完成活动的速度和质量被认为是能力高低的标志。要成功地完成一项活动,仅靠某一方面的能力是不够的,必须具有多种综合能力才能获得成功。例如,行车人员在学习相应规章制度时,必须同时具有观察力、记忆力、概括力、分析力、理解力等,才能对规章制度驾轻就熟,更出色地完成行车作业。各种能力最完备的结合称之为才能,如果一个人在某一方面或某些方面具有杰出的才能就被称为天才。

(一)能力的种类

1.一般能力和特殊能力

一般能力是指在不同种类的活动中都会表现出来的能力,如观察力、记忆力、抽象概括力、想象力、创造力等,其中抽象概括力是一般能力的核心。人们常说的智力指的是一般能力。人要完成任何一项活动,与这些能力的发展分不开。特殊能力是人们从事特殊职业或专业需要的能力。例如,画家的色彩鉴别力、形象记忆力;音乐家区别旋律的能力、音乐表象能力以及感受音乐节奏的能力等,均属于特殊能力。人们从事任何一项专业性活动既需要一般能力,也需要特殊能力。二者的发展也是相互促进的。

2.模仿能力和创造能力

模仿能力是指人们通过观察别人的行为、活动来学习各种知识,然后以相同的方式做出反应的能力。模仿不仅表现在观察别人的行为后能立即做出相同的反应,而且表现在某些延缓的行为反应中。模仿是动物和人类共有的一种重要的学习能力。创造能力是指产生新的思想和新的产品的能力。一个具有创造能力的人往往能超脱具体的知觉情境、思维定式、传统观念和习惯势力的束缚,在习以为常的事物和现象中发现新的联系和关系,提出新的思想,做出新的作品。

3.流体能力和晶体能力

流体能力(流体智力)是指在信息加工和问题解决过程中所表现出来的能力。如对关系的认识,类比、演绎推理能力,形成抽象概念的能力等。流体能力较少依赖于文化和知识的内容,主要取决于个人的禀赋。流体能力的发展与年龄有密切关系。一般人在 20 岁以后,流体能力的发展达到顶峰,30岁以后将随年龄的增长而降低。此外,心理学家也发现,流体能力属于人类的基本能力,在编制适用于不同文化的所谓文化公平测验时,多以流体能力作为不同文化背景下智力比较的基础。晶体能力(晶体智力)是获得语言、数学等知识的能力,取决于后天的学习,与社会文化有密切的关系。晶体能力在人的一生中一直在发展,但 25 岁以后,发展的速度渐趋平缓。

4. 认知能力、操作能力和社交能力

认知能力是指人脑加工、储存和提取信息的能力,即一般所讲的智力,如观察力、记忆力、想象力等。人们认识客观世界,获得各种各样的知识,主要依赖于人的认知能力。操作能力是指人们操作自己的肢体以完成各项活动的能力,如劳动能力、艺术表演能力、体育运动能力、实验操作能力等。操作能力是在操作技能的基础上发展起来的,又成为顺利掌握操作技能的重要条件。社交能力是人们在社会交往活动中表现出来的能力,如组织管理能力、言语感染力、沟通能力、调解纠纷、处理意外事故的能力等。这种能力对组织团体、促进人际交往和信息沟通有重要作用。

5. 情绪理解、控制和利用的能力

这种能力也叫情绪智力,是近年来心理学家提出并得到广泛研究的一种智力。情绪智力包括一系列心理过程,这些过程可以概括为四个方面:①准确和适当地知觉、评价和表达情绪的能力;②运用情感促进思维的能力;③理解和分析情绪、有效地运用情绪知识的能力;④调节情绪,以促进情绪和智力发展的能力。

测一测

能力作为一种心理特性,不同于物理现象的特性。它看不见,摸不着,不能直接进行度量。但是,一个人的能力又能通过成功地解决各种实际问题而表现出来。因此,分析一个人怎样解决问题,取得了什么结果,就可以间接判断其能力的强弱。测量能力的工具是标准化的程序所编制的各种能力测验。

一般能力测验即智力测验,是目前世界各国普遍流行的一类测验。请选择一种智力测验,如韦克斯勒智力量表(表 4-5)等,进行智力测量,分析自己的智力水平。

韦氏成人智力量表举例　　　　　　　　　　　　　　　　表 4-5

测　验　名　称		测　验　内　容	测　验　实　例
言语量表	常识	知识的广度	水蒸气是怎样来的? 什么是胡椒?
	理解	实际知识和理解能力	为什么电线常用铜制成? 为什么有人不给售货收据?
	心算	数学推理能力	刷一间房子 3 个人用 9 天,如果 3 天内要完成,它需用多少人? 一辆汽车 45 分钟行驶 25 公里,20 分钟它走了多少里?
	类比	抽象概括能力	圆和三角形有何相似? 蛋和种子有何相似?
	背数	注意力和机械记忆能力	按次序复述以下的数:1、3、7、5、4; 倒数以下的数:5、8、2、4、9、6。
	词汇	词语知识	什么是河马? "类似"是什么意思?
操作量表	拼图	处理部分与整体关系的能力	将拼图小板拼成一个物体。如人手、半身像等。
	填图	视觉记忆及视觉的理解性	指出每张画缺了什么,并说出名称。
	图片排序	对社会情境的理解能力	把三张以上的图片按正确顺序排列,并说出一个故事。
	积木	视觉与分析模式能力	在看一种图案之后,用小木块拼成相同的样子。
	译码	学习和书写速度	学会将每个数字与不同的符号连在一起,然后在某个数字的空格内填上正确的符号。

(二) 能力的差异

人的能力有大有小,智力水平有高有低,这是客观存在。无论社会怎样发展,科学技术怎样进步,人的能力的差异都是存在的,主要表现在以下三个方面:

(1)能力结构类型方面的差异。有的人观察能力强,记忆印象鲜明,想象力丰富,人称艺术型。有的人概括能力强,善于思考,人称思维型。

(2)能力发展水平上的差异。多数人具有一般能力,能够顺利完成活动,并能取得一定成绩。少数人具有特殊才能,能创造性地进行活动,并取得良好的成绩。才华出众者,是极少数。能力低下者,也是极少数,主要是先天不足或后天生活失调所造成。

(3)能力发展早晚上的差异。人的能力的发展,是有早有晚之分的。有的人能力发展早,如我国唐朝文学家李贺,7 岁能作诗。也有的人是大器晚成,如画家齐白石,青年时做木匠,30 岁学画,40 岁才显露才能。

人的能力的先天素质也只是获得知识和技能的可能性,至于是否能获得这些知识和技能,可能性是否变为现实性,则取决于许多条件。例如,周围的人(家庭、工厂、班组中的人)是否关心这个人对知识和技能的掌握,如何对他进行教育,如何组织劳动活动,从而使这些技能得到运用和巩固等。

心理小贴士 4-3

能力发展的一般趋势

在人的一生中,能力的发展趋势如下:

(1)童年期和少年期是某些能力发展最重要的时期。

从 3 ~ 13 岁,智力的发展与年龄的增长几乎等速。以后随着年龄的增长,智力的发展呈负加速变化:年龄增加,智力发展趋于缓和。

(2)人的智力在 18 ~ 25 岁间达到顶峰(也有人认为到 40 岁),智力的不同成分达到顶峰的时间是不同的。

(3)根据对人的智力毕生发展的研究,人的流体智力在中年之后有下降的趋势,而人的晶体智力在人的一生中却是稳步上升的,如图 4-7 所示。

(4)成年是人生最漫长的时期,也是能力发展最稳定的时期。成年期又是一个工作时期。在 25 ~ 40 岁间,人们常完成富有创造性的活动。

(5)能力发展的趋势存在个体差异。能力高的发展快,达到高峰的时间晚;能力低的发展慢,达到高峰的时间早。

(资料来源:彭聃龄.普通心理学[M].第 4 版.北京:北京师范大学出版社,2012)

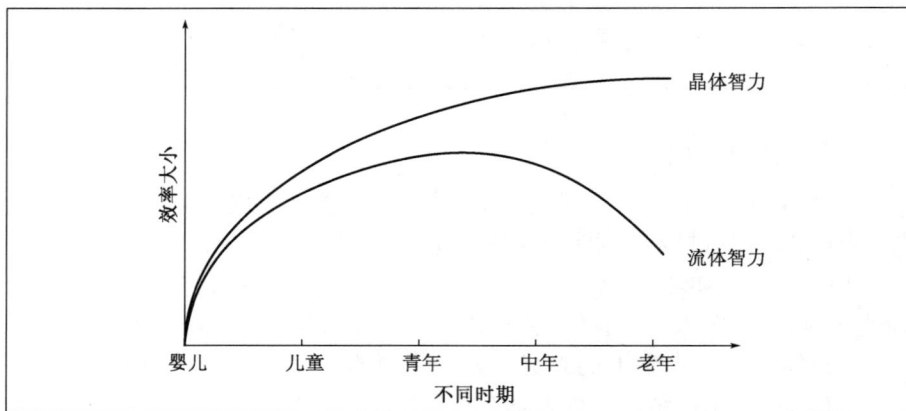

■ 图 4-7

智力的毕生发展

二、行车人员能力与行车安全

在城市轨道交通行车组织工作中对行车人员的精力、智力和体力提出了很高的要求。只有行车人员现有的能力系统符合行车安全工作要求,才能顺利地、高水平地完成行车工作。如果行车人员现有的能力系统不符合生产要求,就会表现得"无能",必须经过极大的努力才能适应行车作业要求。为了更有效地体现"各尽其能"的优越性,从能力这个角度出发,在行车安全管理中,应根据员工能力大小、表现早晚,合理地分配其工作,用其长、补其短,充分发挥员工的潜能。

(一) 明确行车人员应具备的能力

城市轨道交通行车作业岗位工作任务繁杂,责任重大,突发情况频发,是城市轨道交通企业的重点岗位。因此,需要明确行车人员的能力要求,以便于运营企业今后有针对性地选拔、录用、培养和考核员工。

1. 一般能力

(1) 职业通用能力

具有较强的记忆力、阅读能力,能够准确记住规章制度,运用、分析文字及图形信息;具有较强的语言理解与表达能力,能够识别、操作各种设备、设施;具有电气及机械作业安全知识,具备辨识工作中各类安全危险源的能力,快速发现设备、环境异常问题的能力;具备一定的逻辑思维能力,能根据特性规则对事件进行排序,这些职业通用能力是作为一名城市轨道交通行车人员必须具备的能力。

(2) 业务能力

为保证城市轨道交通的安全运营,准时、准点地完成每天运营任务,行车人员必须达到相应的专业知识水平和能力水平。业务能力一般通过学习和培训的形式实现。对于乘务员来说,在基础知识方面要求掌握电工电子知识,机械构造知识,通信信号知识等;在专业知识方面要求掌握列车机械构造,列车电器知识,信号原理,轨道交通基础,车站运作,车场运作,行车组织原则等;在操作技能方面要求掌握列车操作规程,列车故障应急处理,应急预案及突发事件处理等。一名合格的地铁行车调度员,应对乘务、车辆、车站、通信、信号、公务、供电、环控等各方面专业知识广泛涉及,能够处理列车运行、车站设备、施工等众多复杂的事件。

2. 特殊能力

(1) 身体运动及感知能力

在实际的工作生活中,城市轨道交通运营企业要求地铁司机专业学生男生身高 170cm 以上,视力 4.9 以上,均无色盲、色弱、精神、心脏及传染性疾病,无不良记录。

从地铁司机的工作内容来看,良好的身体运动及感知能力是地铁司机在日常工作任务中非常重要的能力。要求司机在昏暗环境中能看清物体(夜视能力),有在不同距离分辨事物颜色的能力,即使有干扰也能够准确识别目标物体;同时具备在多方观察不同事物时能很好分配注意力的能力(注意力分配);在听力方面,能够准确判断声源,重复对方指令;具备良好的身体控制能力,能够按照备班时间调整作息时间;身体反应灵敏,动作流畅不停顿,能够自由下蹲,侧身或者弯腰,手臂能自由伸展,手指及手腕运动灵活;有良好的速度感知及控制能力,可确保列车的正常运行速度,准时进、出站。

（2）心理抗压能力

城市轨道交通发车密度大、行车间隔短、站停时间短,需要行车人员按照标准化作业连贯快速地完成操作。但是,一旦遇到大客流、列车故障或者任何突发事件,行车人员既要处理问题,安抚乘客,调度联络,又要尽量保证准时发车,其压力是非常大的。特别是目前线路一般都采用单司机制,列车和整列车乘客的安危都寄托在司机和行车调度员身上,更需要行车人员保持头脑冷静,解决问题。

由于安全生产的要求,行车人员往往需承受较高的心理压力。同时严要求、高标准的工作环境容易引发行车人员在工作中感到焦虑、心理压力增加等问题。随着运营的不断推进,社招和校招的人员在实践工作中差距缩小,新老员工中,成长快、接受能力强的人晋升较快,使部分原地踏步的老员工对前途失去信心,工作积极性降低、职业倦怠增强。另外,随着地铁司机的晋升通道越来越长,从实习司机到一级司机由原来的 5 年到现在的 8 年以上,新老员工的差距在缩小,晋升越来越困难,他们可能会产生悲观情绪。因此,作为一名行车人员必须具备过硬的心理抗压能力。

（3）解决问题能力

当出现列车故障时,需要行车人员快速判断故障原因,设想解决方案,并迅速采取措施,将列车延误和设备损失降到最低。当发生火灾、水淹、夹人、跳轨、乘客报警等突发状况时,更需要行车人员准确判断,及时介入,充分预想,快速反应,第一时间判断解决问题的主次,坚定自信地采取措施,以保证乘客的安全。地铁司机在工作时要进行车辆交接、对列车进行操作、对故障以及突发事件要处理等,需要具备行车前的预想能力,根据现有信息预想后续可能发生的事件,并提前做好应对措施。因此,行车人员更需要有判断力、快速反应能力和决策能力等解决问题的能力。

议一议

仔细阅读书中案例 4-1 和案例 4-3,对比司机应具备的能力,议一议案例中的上海地铁85 后最强女司机奚珊珊和苏州地铁 90 后司机周贵平分别具备哪些能力?

（二）行车人员选拔能力考察要项

（1）双手协调能力

双手协调能力是指双手同时协调地控制某一运动事物,使其在垂直与水平方向做平滑移动的能力,很多机械操作类职业均需作中需要长时间双手操作控制杆或按要双手协调能力。在城市轨道交通行车作业中,司机在日常工键,以保持地铁车辆正常运行,如图4-8所示。具备良好双手协调能力的群体能更好地适应司机这个职业,因此在行车人员选拔过程中,司机岗位应考察该能力。

（2）抗压能力

抗压能力就是个体在外界压力下处理工作的能力,也可以称为抗挫力。行车人员承载着城市轨道运输的重任,系千万人的安全于一身,承受着巨大的安全责任和工作压力,并且行车人员在工作中需随时应对各种突发情况,进行应急处理、事故处理等,因而在压力状态下保持清晰、冷静的思维,做出正确的判断及操作、具备良好的抗压能力对行车人员来说是至关重要的。

■ 图4-8
地铁司机驾驶中的双手协调

（3）抗干扰能力

抗干扰能力是指人对周围所处环境中影响任务完成的各种消极刺激的抵制与抗御能力,是人在完成任务过程中注意力转移灵活性和稳定性的综合表现。在列车运行过程中,行车人员需要时刻应对不同光环境、声环境下的各种信号灯及声音刺激,并需进行判断、辨别,做出快速、及时、准确的反应,因而良好的抗干扰能力是行车人员必须具备的一项心理素质。

（4）反应能力

反应时间是指从刺激作用于个体开始,到个体做出明显的反应之间所需要的时间。反应时间的快慢,代表了一个人的反应能力。行车人员在日常工作中的反应能力主要体现在对信号能否做出快速而准确的判断并做出对应的操作,通过反应时间的快慢来判断行车人员的反应能力。

（5）注意能力

注意能力是心理活动对一定对象的指向和集中。指向是心理活动反映对象的范围,使心理活动具有一定的方向;集中是心理活动反映对象的深入程度,使心理活动不离开注意的对象。行车人员的注意力对于行车作业安全有很大关系,不同的注意力条件下,行车人员完成任务的紧张程度和完成质量不同。行车人员的注意力主要考察注意集中力和细微注意力两个方面。注意集中力能够区别适合与不适合行车工作的人员。在注意力松散或不集中的时候,行车人员会减弱对周围不安全因素的敏感度,易存在着行车安全隐患。细微注意力主要是为了测试行车人员对细节的观察和注意力。

（6）视觉能力

行车人员在进行选拔过程中要注意考察行车人员的视觉追踪能力和视觉记忆能力。视觉追踪能力是指能够选择性地对众多视觉的加工资源进行分配,使视觉感知具有选择能力,从众多的视觉信息中快速选择最重要、最有用、与当前行为最相关的感觉的视觉信息的能力。评估行车人员的视觉追踪能力,主要通过行车人员对复杂环境中简单结果的视觉定向行为来进行测试。视觉记忆能力主要考察被试者快速、全面记忆视觉信息的能力。

案例 4-4　武汉地铁遴选新司机　10人闯三关　7人被淘汰

成为一名合格地铁司机,至少要"脱一层皮"。2015 年 7 月 8 日,武汉地铁司机的一场定岗考核,让人大开眼界。第一,理论关:须牢记 20 万字"三本经",即《运转车间安全规章制度以及相关规定》《理论基础培训》《车辆知识》;第二,检车关:5 分钟内须排除列车故障;第三,人工驾驶关:人工驾驶车厢平稳,一杯水无一滴漏洒,到站停车误差不超过 50 厘米……三轮考核下来,10 名准地铁司机被淘汰了 7 人,淘汰率高达 70%。

在检车应急故障排除现场,出现车门无法关闭,第二节车厢一扇车门反复动作的状况。经考生观察发现,门被一颗拇指大小的螺栓卡住。异物取出后,故障消除,故障处置耗时 3 分钟。武汉地铁运营有限公司车辆一部副主任熊巍介绍,检车时若出现整列车无法打开、指示灯不亮等 25 项应急故障,从发现到排除故障最多允许时长为 5 分钟。

人工驾驶环节,老地铁司机驾驶列车,以 70km/h 的速度行驶了近 1000 米,放置在车厢地板上的一杯水居然没一滴漏洒。4 名考生分别跑完 3 个车站,有 3 人靠站对标停车将误差控制在 50 厘米范围内,而另外 1 人因误差超标而被淘汰。现场考官介绍,遇到雨天,地铁 1 号线将全部由自动驾驶切换成人工驾驶模式,上线司机必须过这道技术关,才能为乘客创造舒适乘车环境,确保列车行车安全。

地铁司机上岗前,要经过 2 个月 5000 公里的独立驾驶,通过 3 个月理论培训掌握 20 万字的地铁理论知识。再连续通过理论、检车和人工驾驶三道关,才算合格,一次性通过率只有 30%。

据悉,淘汰司机在 15 天后可再次申请考试,不过报考时得从第一关开始考。熊巍介绍,有人已连续复考 6 次。考核过关的老司机也非一劳永逸,每个月都会安排一次理论和实操模拟考核,成绩不过关者同样将面临复考、待岗,直到考核过关。

(资料来源:凤凰网　湖北频道)

(三)行车人员能力提升培训要点

1.培训兼顾一般能力与特殊能力

行车人员从事运营生产活动,既需要具有大量的一般能力,又需要具有岗位所要求的特殊能力。为提高城市轨道交通企业的运营生产效率,应当在提高员工这两项能力方面下功夫。在进行行车人员培训时,要兼顾一般能力的发展与特殊能力的提高。

一般能力的发展与特殊能力的提高存在着相互依存、互相联系、相互促进的关系。一方面，特殊能力是特定活动所要求的多种基本能力的有机结合，是一般能力在具体活动中的具体化。员工所形成的特殊能力是建立在其一般能力基础上的。例如，分析判断能力属于一般能力，但是当行车人员运用分析判断能力来评估某一事故处置措施的有效性时，比如在进行乘客区间疏散时做出最适合的疏散方案，这时一般能力就具体化为行车人员的特殊能力。另一方面，特殊能力发展的同时，也发展和提高了一般能力的水平。例如，行车人员在处理突发事件时逐步培养出来的分析判断能力，会迁移到其他工作领域，表现为善于在各种难题中进行严密推理和理性判断的能力，最终促进一般能力的提升。

因而，在行车人员培训中，既要抓与他们当前或未来可能从事的工作直接有关的专业知识和专业技能的教育，提高员工的特殊能力，也要根据员工原有的文化水平、兴趣爱好，组织他们参加培训学习，使员工增加科学文化知识，提高观察力、分析能力、计算能力、想象力、创造力等一般能力。这些能力的提高，虽然不能像特殊能力的提高那样立即反映到产量、质量、消耗等指标上的变化，但这些能力的提高，为进一步发展特殊能力做好了准备，为行车人员队伍的能力提升奠定了雄厚的基础。

2. 通过能力测试筛选合格培训者

人的特殊能力能够通过教育或训练形成和提高，对于大多数人来说，不管原来的素质和个性心理特征如何，通过教育和训练都可以获得提高。但必须认识到，培训所能达到的效果是有一定限度的，受到天赋的制约，也更受人在长时间生活过程中形成的心理特征制约。培训只能使人"达到一定的水平"，而不能达到很高的或最高的水平。因此，在培训中对那些不适宜从事某种职业的人们，虽然花费了大量的人力和物力，结果这些人在以后工作中仍然表现为不称职，工作效率低、水平不高，连他们自己也会感到不满和痛苦。

由此可见，在生产过程中人的能力是不同的，不同的人所适宜从事的职业或岗位也不相同。员工的能力水平超过工作的能力范围要求，会使员工感到受压抑，不满足于现状，工作效果不佳；员工的能力水平低于工作的能力范围要求，会使员工感到无法胜任而过度紧张，从而厌恶工作，影响效果；员工的能力水平与工作的能力范围要求相匹配，不但使之得到心理上的满足，把工作做好，而且还有利于处理"非常事件"，保证生产的安全进行。因此，通过能力测试筛选出能力水平与工作要求相适应的员工，既可以招收到适宜的人员，又有利于节省培训经费，提高工效、保证生产和安全。

实训

请完成实训4，见本教材配套实训工作页。

课后
交流

1. 个性心理特征指的是什么? 它包含哪几个方面?

2. 气质有哪些特征? 经典的气质类型有哪些?

3. 举例说明具备哪些个性特质的人适合从事行车作业岗位。

群体心理与城市轨道交通行车安全

◎ 学习目标

1. 了解群体的含义、分类、特征及意识。
2. 理解群体心理效应对行车安全的重要性。
3. 掌握群体行为对城市轨道交通行车安全的影响。

❀ 内容结构

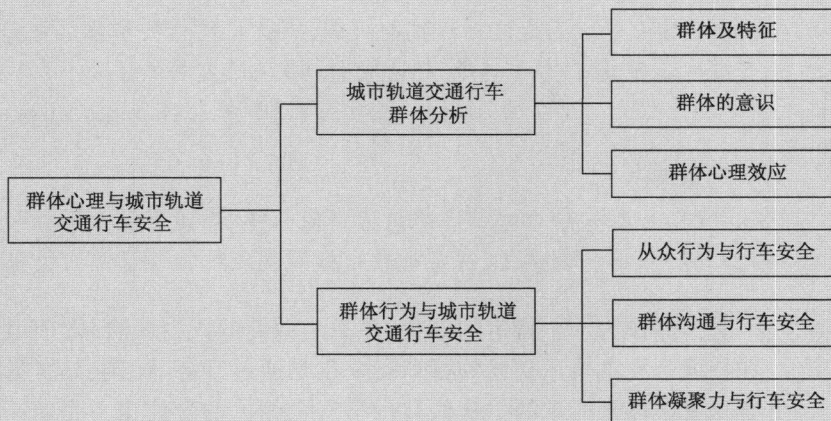

❀ 参考学时

4 学时。

案例 5-1

成都地铁巾帼调度班组获"四川五一巾帼标兵岗"称号

成都地铁运营有限公司线网指挥中心巾帼调度班组成立于 2016 年 11 月。随着成都地铁的发展,该班组成员已由最初的 4 人发展到现在的 20 余人。她们始终坚持"科学、缜密、冷静、果决"的调度方针,用自己单薄的双肩扛起安全运营的旗帜(图 5-1)。荣誉的背后凝聚着巾帼调度班组成员的汗水和努力。她们将继续用实际行动为乘客提供安全、准点、快捷、舒适的出行服务。

■ 图 5-1
成都地铁巾帼调度班组

日常工作中巾帼调度班组成员严格执行双人确认制度,按照标准化作业流程开展行车、施工组织工作。调度指挥是一项细致而重要的工作,影响着线网每一趟列车的正常运行;调度指挥也是一项强度高、难度大的工作,对每一位调度员都提出了很高的要求。该班组成员需要在早高峰期间向司机发布不下 100 条调度命令;需要在当班的 12 小时不间断地进行设备监控;需要在凌晨工人施工时保持高度清醒,做好施工卡控,确保所有施工满足请销点条件并及时发现和解决问题;需要在每天清晨 04:30 仔细与全线各站核对运营前的检查情况,保证全线设备线路满足运营条件;还需要在夜间施工结束、运营检查完成后,按照当日运行图组织次日运营的列车按计划出段,在倒闸作业前写好上百条的倒闸作业令。正是这一次次的历练,成就了优秀的巾帼调度班组。该班组成员将满怀激情,努力奋进,见证成都地铁飞速发展的又一个十年。

(资料来源:https://www.sohu.com/a)

思考:

(1)成都地铁巾帼调度班组为何能获得"四川五一巾帼标兵岗"称号?

(2)作为行调群体,成都地铁巾帼调度班组具备了哪些优秀的特质?

群体作为一个特定的概念,并不是单纯的人群集合体,有其独有的含义和特征。城市轨道交通的行车安全正是通过乘务、行调、站务等人员组成的各相关群体来实现的。这些与行车安全相关的群体也不是若干个体的简单相加,而是通过共同的价值理念或规章制度将每一个体有机地组织起来,形成一种新的力量,在城市轨道交通运营中发挥重要作用,更好地完成城市轨道交通安全行车任务。

城市轨道交通行车群体分析 单元5.1

一、群体及特征

(一)群体(Group)的含义

中国有古语:物以类聚,人以群分。人是群居动物,总是从属于一定的群体。群体的定义是相对于个体而言,两个或两个以上的人,为了达到共同的目标,以一定的方式联系在一起,相互作用、相互依赖、相互认同,并进行活动的人群。因此,群体有其自身的特点:成员有共同的目标,成员对群体有认同感,甚至群体内有结构,有共同的价值观,有其特定的内涵。

群体与一般意义上的人群有所不同。人群通常是个体的松散、无序集合,也就是偶然地在同一时间同一地方临时聚集起来的一群人,比如乘坐地铁的乘客。然而,松散的人群在一定条件下也会转化为群体。比如地铁列车上突然有乘客晕倒,这时乘客们就可能彼此交换意见,寻求救助的方法,此时的乘客群体就有了一定的目标,出现了以救助为目标的社会互动,于是就会形成实际的群体。

(二)群体的分类

1. 根据群体形成的方式和原则,分为正式群体和非正式群体

(1)正式群体是指由一定的社会组织认可的,有既定的目标、组织机构和规章制度的群体,如地铁公司、车站等都属于正式群体。在严格的规章制度和组织纪律的约束下,成员对群体具有服从心理,正因为如此,安全目标主要依靠正式群体及成员的共同努力和相互作用来实现。

(2)非正式群体是指以个人兴趣或感受等为基础,在人们相互交往中自发形成的,没有正式明文规定的群体。非正式群体中成员间的相互关系和一些规范虽然没有成文或公开,但对成员的影响不可低估。当内聚力较强的非正式群体与组织目标或规章发生冲突时,将对安全目标的实现产生消极的影响。

2. 根据群体中的人员数量,分为小型群体和大型群体

(1)小型群体一般指成员在 2 ~ 20 人,相互之间能够直接沟通、接触和影响的群体。如城市轨道交通运营企业里的乘务班组、车辆维修组等。

(2)大型群体一般指成员之间的信息交流是间接的,共同目标的达成主要依靠规章制度的群体,如交通运输部、地铁公司、车辆段等。

在小型群体中,由于人们能够进行直接的、面对面的交流与沟通,群体成员之间有着心理上和感情上的联系,因此比起大型群体,心理因素的作用要突显许多,行为上更容易达成一致。而大型群体则主要通过群体的规范来进行行为的掌控。因此,城市轨道交通安全行车的规章制度一般是由交通运输部和城市轨道交通运营企业制定,而行车安全规章制度要靠与行车作业相关的乘务、站务、调度、维修等班组具体执行和落实。

3.根据个体的隶属关系,分为实属群体和参照群体

(1)群体中的个体是群体的正式成员,个人的行为应服从于群体的纪律要求和规章制度,这样的群体称为实属群体。如城市轨道交通乘务班组、企业中的生产班组等。

(2)个体虽然并未实际加入群体,但心理上对群体高度认可并用以指导和修正自己行为,这样的群体称为参照群体(榜样群体)。如案例5-1中的巾帼调度班组,案例5-2中的深圳地铁竹子林客车二队,相对于其他班组和车队,就是参照群体或榜样群体。

研究参照群体对于城市轨道交通行车安全管理具有重要的实践意义。参照群体的树立有助于在安全生产中形成积极有效的竞争激励机制和环境。但在实际工作中,也要注意到对安全行车有负面影响的参照群体,如值乘在外或待乘人员在工作时间娱乐、喝酒等非正式群体,容易对一些安全意识不强的员工产生不良的示范效应,埋下事故隐患。

案例 5-2 开好每一趟列车,履行每一份承诺(一)

深圳地铁竹子林客车二队是深圳地铁运营集团有限公司下设的直属班组,成立于2004年,现有员工46人(图5-2)。车队全体成员始终坚持以开好每一趟列车、完善每一套制度、创新每一项工作、改善每一个细节、履行每一份承诺、追求每一次进步的"六一"行为为准则,出色完成了各项行车保障任务。该车队被团中央授予"全国青年文明号集体"的称号。荣誉面前,车队全体成员不骄不躁,继续立足岗位,奋勇争先。

开好每一趟列车,完善每一套制度

司机的岗位特点是单兵作战,值乘好每一套机班显得尤为重要(图5-3)。车队全体成员奉行"在岗一分钟、安全六十秒"的安全理念,每班每人540次开关门作业、1352次手指口呼、190次信号确认都做到一丝不苟,保障乘客安全出行。截至2019年10月,竹子林客车二队全体成员已累计安全运送乘客5亿人次,安全行车3300余万公里,可绕地球赤道800余圈。2004年至今,车队先后培养出20余名全国轨道行业列车先锋、地铁工匠。

■ 图 5-2
深圳地铁竹子林客车二队

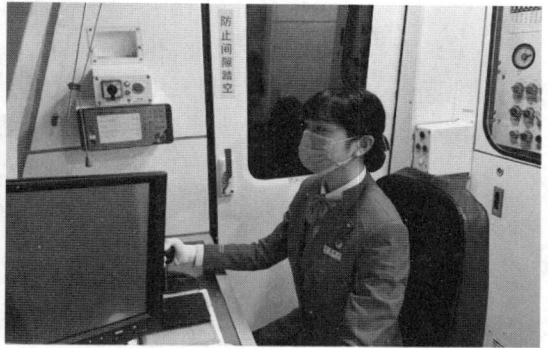

■ 图 5-3
竹子林客车二队司机

车队作为地铁运营的最基本组织之一,坚决执行上级各项运输计划与指令。以响应地铁运能提升的要求为例,车队认真研究运能提升方案,组织讨论分析新运行图各项参数,对高峰时段客流、用车状况、备用车位置及数量等进行综合研判,保障深圳地铁 1 号线新运行图顺利实施。目前,深圳地铁 1 号线行车间隔已由开通初期的 15 分钟压缩至现在的 2 分 35 秒,极大地缩短了乘客的候车时间。同时,车队在完善制度上不遗余力。在 15 年的发展历程中,车队不断总结完善司机作业标准,配合部门与公司编制了《客车司机师徒带教工作指引》《客车司机一次出乘作业标准》《客车司机作业指导书》《队长督导工作手册》《典型案例汇编》等 10 余项管理制度,有效规范客车司机的日常工作行为,提升了工作效率和队伍的服务形象、服务质量。

(资料来源:2020-06-24 广东交通发布)

(三)群体的特征

群体一般具有以下四个特征:

(1)群体成员具有共同的目标或共同利益,产生共同的社会行为,这也是群体存在或形成的前提和基础。

(2)群体里有组织机构、规章制度和操作规程。群体中的每一个成员都在其中担任一个角色,按照要求执行一定的任务,如乘务司机班里的正司机或副司机,也可能是乘务管理员。

(3)群体成员在行为上相互影响、相互作用。群体成员间在行为上互动,彼此之间有信息、思想、感情的交流。群体中的目标、作风、传统和一些不成文的规定等对调节群体成员的行为规范具有指导意义。

(4)群体成员彼此更加相容和接受。群体成员在日常工作中团结协作、相互帮助、共同面对,每个成员都意识到其他成员的存在,也意识到自己是群体中的一分子,因而更富有责任感、荣誉感、自豪感和归属感。

群体的有效性与群体成员的上进心、执行力、凝聚力以及心理相容程度等因素密切相关。一个群体拥有共同的目标和行为规范,群体成员积极向上、团结互助,执行力和凝聚力强,也称之为有效群体或团队。如案例5-1中的巾帼行调班组,为全力保障线网运行秩序,让故障在最短时间内得到有效处置,最大限度降低对运营服务的影响,他们以精湛的业务水准,团结协作,出色完成了多次应急事件处置,确保了城市轨道交通行车安全目标的实现。面对突如其来的疫情,她们依然是逆行者,坚守在自己的工作岗位上,为市民提供坚实的出行保障。

心理小故事

猎人张网捕鸟

有一个猎人,在湖边张网捕鸟(图5-4)。不久,很多大鸟都飞入了网中。猎人非常高兴,赶快收网准备把鸟抓出来。没想到鸟的力气很大,反而带着网一起飞走了,猎人只好跟在网后面拼命追。

■ 图5-4
猎人张网捕鸟

一个农夫看到了,嘲笑猎人:"算了吧,不管你跑得多快,也追不上会飞的大鸟呀。"但猎人却很坚定地说:"不,你根本不知道,如果网里只有一只鸟,我就真追不上它,但现在有很多鸟在网子里,我就一定能追到。"

果然,到了黄昏,所有的鸟儿都想回自己的窝,有的要回森林,有的要回湖边,有的要回草原,于是那一大群鸟就跟着一起落地,被猎人活捉了。

一开始,落网之鸟为了活命,齐心协力,团结一致,劲往一处使,成功地飞上天空。到后来,鸟儿们四分五裂,各怀私念,没有了团结一致的合力,坠落下来也是自然的道理。虽是一则故事,道理却是明白的:只有团结才能产生力量。

(资料来源:https://baijiahao.baidu.com/s? id=15810419072916 23302& wfr=spider&for=pc)

二、群体的意识

(一)认同意识

群体对行为目标具有高度一致性的认识,并在此基础上自觉自愿,遵章守纪执行群体规范,对重大事件和原则问题的认识和评价保持高度一致。由于群体内人际关系密切,群体对个人的吸引力大,在群体中能实现个人的价值,使个人成长需要得到满足,群体成员会主动地与所在群体发生认同,这种认同是自觉的。

（二）归属意识

每一位成员都有归属于所在群体的共同心理特征,即具有服从或依赖所属群体的要求。他们的思想和观念在日常生活和工作中更加地趋于一致,对群体的归属意识会更加强烈。例如:一名乘务员在社会上表明自己身份时,会说我是某个地铁公司的;到了公司,则强调是某条线路上的;到了地铁线上,又表明是某个乘务班组的。这种表现公司、线路、班组的意识,就是归属感的一种具体表现。群体的归属感,由于群体凝聚力的高低不同,其表现的程度也就不同。群体凝聚力越高,取得的成绩越大,其成员的归属感也就越强烈,并以自己是这个群体的成员而自豪。所以,先进群体成员的归属感比落后群体成员的归属感要强烈。

（三）整体意识

由于认同群体,归属于群体,群体成员都具备一定的整体意识。整体意识越强的成员,维护群体的意识也越强,行为具有和群体其他成员的一致性;反之,整体意识越弱,维护群体的意识也越弱,行为具有或强或弱的独立性。

正因为整体意识强,所以某些成员在发现群体其他成员的行为有害于整体时采取了反对态度,和其他群体成员的行为不一致;正因为整体意识弱,所以某些成员采取不负责任的态度,和群体其他成员的行为保持一致。所以整体意识与行为一致是有联系的,但不是完全等同。

（四）排外意识

排斥其他群体的意识,是群体成员普遍会产生的心理。排外意识是和群体成员把自己看作哪一个群体的成员,或者说更倾向于把自己看作哪一个群体的成员相联系的。越是把自己看作小型群体的成员,排外的意识就越强烈。

案例 5-3　开好每一趟列车,履行每一份承诺（二）

创新每一项工作,改善每一个细节

练内功,建机制。一是创新管理方式。建立健全车队组织架构,以小组为单元,充分培养骨干,建立人才梯队(图5-5)。二是建立应急保障机制。针对突发的大客流及设备故障等情况,车队成立"应急支援队",严格执行关键岗位24小时值守制度,有效保障运营安全,先后科学高效地完成了深圳国际马拉松比赛、会展中心的博览会等大型活动的运营服务保障工作。2018年台风"山竹"正面袭击深圳,车队未雨绸缪,启动台风应急预案,

图 5-5
深圳地铁司机培训项目

党员带头坚守岗位长达 40 小时,保障了市民正常出行,确保了台风期间运营服务工作安全、有序可控。

作为客车司机,安全意识是基础,业务知识是条件,应急处置能力是核心。车队自主组织研发了"列车故障模拟系统",有效提高了培训质量和工作效率,并且每年为公司节约近百万元的培训成本。车队通过运营数据量化统计,对常发紧急制动列车车次、时段、线段等数据进行梳理分析,联合相关专业升级了 1 号线"V9 信号系统",列车紧急制动发生率降低 90%,大大减少行车安全隐患。同时,车队队员王宏以电话闭塞法为背景,结合深圳地铁埃塞俄比亚司机培训项目经历,融入中国传统文化太极中"三才"和"天地人"思维,设计了"打通地铁神经系统"和"用太极思维解密电话闭塞法"两门课程,在 2019 年全国城市轨道交通行业"我是城轨好讲师"大赛中分别获"优秀课程奖"和"三等奖"。

(资料来源:2020-06-24 广东交通发布)

三、群体心理效应

群体目标的达成与群体中每一位成员的工作行为有着直接的关系,而群体对每一位成员的行为同样会产生制约、影响和改变的作用,概括起来有五种效应:社会助长效应、社会致弱效应、社会惰化效应、链状效应、社会趋同效应。

1. 社会助长效应

社会助长效应又称社会促进现象,是指群体对成员有促进、提高效率的效应。群体活动中成员的行为是在一定的群体氛围中进行的,个体一旦意识到这种行为涉及群体的评价、监督和鼓励等因素,在竞争意识和成就需要的激发下,会调动自身的热情度、积极性和聪明才智,尽力完成任务,进而希望得到群体的肯定、赞扬和尊重。

想一想

如果图 5-6 与图 5-7 中的两人是同一个人,在这两个骑行情境中,哪个情境会骑得更快些?

■ 图 5-6

■ 图 5-7

2. 社会致弱效应

群体对个体的行为能带来积极的效应的同时,也会带来消极的效应,也就是社会致弱效应。社会致弱效应是指群体成员受到群体压力的影响妨碍自身能力的发挥,降低了工作效率。一般来说,当竞争氛围强烈,压力过大,工作难度过高时,社会致弱效应会较为明显。例如,有些同学平时成绩还不错,可是一遇大考就心情紧张,导致成绩失常。群体对其成员所起的效应是积极的社会助长效应还是消极的社会致弱效应,主要受到成员的心理特征和其对所从事工作的熟练程度的影响。

(1)群体成员的心理特征:自信、开朗、外向、心理成熟的成员容易受到社会助长效应的影响;自卑、孤僻、内向的成员更容易受到社会致弱效应的影响。

(2)成员对工作的熟练程度:成员对工作越熟练,越容易表现得很出色;反之对工作越生疏,越容易出差错。

心理实验 5-1

林格尔曼拉绳实验

19世纪一位法国的农业工程师林格尔曼,精心设计了检测工作效率的拉绳实验(图5-8)。他把被试者分成1人组、2人组、3人组和8人组,要求他们用尽全力拉绳,同时使用灵敏的测力器测量被试者拉绳的力量。该实验得出的结果是:单独1人拉绳时付出的力量为100%,2人组时为95%,3人组时为85%,而8人组时则降为49%。以后的学者又进行了一系列的实验研究,证明在拉绳以外的事情中也可以观察到这种现象,且在各种不同的文化背景中都会发生,即使在儿童当中也会发生。

(资料来源:https://wiki.mbalib.com/wiki/)

议一议

个人绩效之和一定与群体绩效相等吗？拉绳实验展示了集体工作时存在的一种怎样的现象？

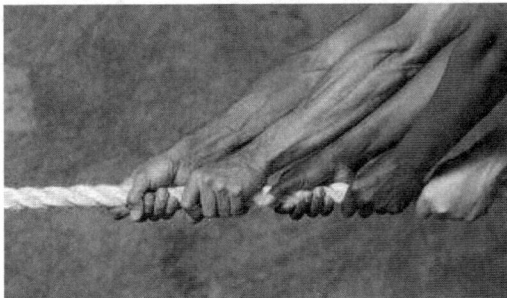

■ 图5-8
林格尔曼拉绳实验

3. 社会惰化效应

社会惰化效应是指个体在群体的工作成果不如单独一个人工作时效率高的一种倾向。"三个和尚没水吃"的俗语，"滥竽充数"的成语就是这种效应的反映，而出现社会惰化效应的原因是责任扩散和社会评价。如两人组成的乘务班组，个别乘务员认为反正有两个人在操控列车，行车安全的职责分摊了，心态过于放松而疏于呼唤应答和安全瞭望，从而引发安全事故。因此，在城市轨道交通行车安全管理中尤其要注意以下两个方面，以减少社会惰化效应的发生。

(1)制度设计公平。避免"大锅饭"式的管理方式，科学确定作业人数，这样既减少了因过多作业人员有可能增加的不安全因素和责任扩散，也从源头上减少了社会惰化效应的产生。如城市轨道交通行车作业中的单司机值乘等。

(2)岗位职责清晰。只有组织岗位职责明确清晰，才能让每一个体能够意识到自己的贡献是可以衡量的，有成就感的同时不会降低个人的努力程度，就不会出现扯皮现象。因此，组织需要制定出公平、公正、公开的岗位绩效评估体系。

4. 链状效应

俗话讲"近朱者赤近墨者黑"，在心理学上这种现象被称为链状效应，是指人在成长中的相互影响作用。这种效应在年轻的新入职的员工中表现得尤为明显。就年轻员工链状效应看不是单方面的，既表现在职业道德方面的互相感染，也在个性、情绪、兴趣、能力等方面发生综合影响。利用员工的链状效应，让不同性格的员工在一个班组可以取长补短。案例5-1中，巾帼调度班组就是以师徒带教的方式，充分发挥女性的耐心与细腻，为成都地铁培养出了一批又一批的调度新人，筑起人才的坚实城墙。

5. 社会趋同效应

社会趋同效应也称社会标准化倾向，指群体成员对照群体规范缩短差距，其意见、观点和行为趋向于相同的倾向。这种效应产生的原因，一是个体为了维护自身利益，对标群体规范和标准，以免出现违规而受到惩罚；二是群体成员之间的相互感染和影响；三是个体在群体中寻求归属和安全感。基于这三个原因，群体成员会尽量将个人的行为变得大众化。

群体行为与城市轨道交通行车安全　单元5.2

群体行为是由群体的各个成员的行为相互作用、相互适应而形成的整体表现。群体行为并不是个体行为的简单相加，而是成员行为的有机综合。群体行为主要包括：从众、凝聚力、决策、沟通、冲突、领导等。在城市轨道交通行车安全管理中，积极的群体行为对行车安全起到促进作用，消极的群体行为对行车安全起到阻碍作用。

一、从众行为与行车安全

从众行为也叫"相符行为"，俗称随大流行为，是指个体在社会情境影响下，或在群体压力下，改变自己的态度，放弃自己原先的意见，而产生和大多数人一致的行为倾向，是社会生活中普遍存在的一种社会心理和行为现象。

心理实验 5-2

阿 希 实 验

1956年心理学家阿希进行了从众现象的经典性研究——三垂线实验（图5-9）。他以大学生为被试者，每组7人，坐成一排，其中6人为事先安排好的实验合作者，只有1人为真被试者。实验者每次向大家出示两张卡片，其中一张画有标准线X，另一张画有3条直线A、B、C。X的长度明显地与A、B、C 3条直线中的一条等长。实验者要求判断X线与A、B、C 3条线中哪一条线等长。

实验者指明的顺序总是把真被试者安排在最后。第一、二次测试大家没有区别。第三至第十二次前6名被试按事先要求故意说错。这就形成一种与事实不符的群体压力，可借此观察被试者的反应是否发生从众行为。阿希多次实验，所得结果非常相似：①大约四分之一到三分之一的被试者保持了独立性，没有发生从众行为；

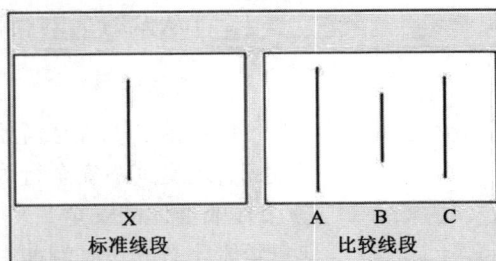

■ 图5-9
阿希从众实验

②所有被试者平均从众行为百分比为35%;③大约有15%的被试者,从众行为的次数占实验判断次数的75%。

(资料来源:360图书馆)

想一想

在阿希从众实验中,为什么会有35%的被试者顺从其他成员的意见,做出了错误的判断? 影响个体从众行为的因素有哪些?

(一)影响从众行为的因素

(1)群体因素。群体规模越大,赞成某一观点或采取某一行为的人数越多,则群体对个人的压力就越大,个人很容易采取从众态度;群体凝聚力越强,个体越易从众。

(2)情境因素。如果外来的信息十分模糊,对个体的判断和认知带来很大的困难,从众行为发生的可能性大。从众行为公开程度越高,人们从众倾向就越大;公开程度低的情形会降低来自群体的压力,从而降低人的从众行为。常言道:“人微言轻,人贵言重”,权威人物更容易使人从众。

(3)个人因素。个体的智力、能力、自信心、责任感等个人心理特征与从众行为密切相关。依赖性强的人容易从众;独立性强的人则不太容易从众。个体对自己缺乏信心,对自己的判断报有怀疑,就会从众以求心安。缺乏责任感的个体的从众行为是在看风使舵。当然,如果群体的凝聚力很强,权威性高,个体出于对群体的信任和依赖,认为群体的意见价值很高,也会出现从众行为。

(二)从众行为对行车安全的影响

1.积极影响

(1)有利于行车安全目标的实现。从众行为有利于增强行车人员的安全意识,改变其不安全行为,使作业群体产生一致的安全行车行为,从而实现整个作业群体的安全目标。尤其在联合任务中,只有群体中的所有成员成功,群体才能成功。例如,一个车辆段或站段中的一个人发生了事故,就会影响整个站段的安全目标的实现。

(2)有利于提高行车作业群体的安全绩效。从众行为能够促进群体内部安全价值观、安全态度和安全行为准则的形成和保持,提高群体的事故防范能力,维持群体良好的安全绩效。

(3)有利于群体凝聚力的形成。从众行为促进了群体成员之间的相互学习和帮助,提高群体的安全行车作业能力,增强成员的安全成就感。尤其在累加任务中,群体绩效是群体中每个人努力的总和。因此,群体凝聚力的形成和发挥作用,可以抵消社会惰化效应可能会减少每个人对累加任务的贡献,整体效果肯定会超过一个人的努力结果。

2. 消极影响

行车作业群体中一旦出现违章违纪或不安全行为没有得到有效处理和遏制,就很容易在从众的心理状态下蔓延开来,淡化群体安全意识,置集体利益于脑后,给安全行车管理带来负面效应。

因此,在城市轨道交通日常行车作业管理中,要注意引导得当,发挥从众行为积极方面的影响和作用,克服其消极作用,使每一位作业人员的个体行为朝着符合安全行车要求的方向发展,是实现城市轨道交通行车安全的一项重要工作。

二、群体沟通与行车安全

(一) 沟通的过程和要素

沟通是为了一个设定好的目标,在个人之间或是群体之间传递情感、思想和信息,并且有反应产生的过程。有效沟通是发送者想要传递的信息、想法、事实、态度或感觉,接收者都对其有同样的理解或解释。这一基本过程包含的要素如图 5-10 所示。

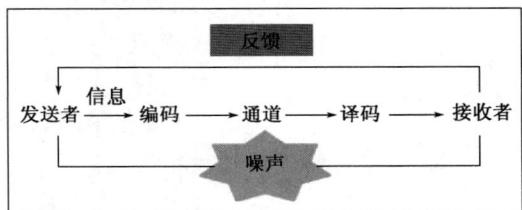

■ 图 5-10
沟通的基本过程

1. 发送者和接收者

发送者和接收者是信息沟通的主体,在信息沟通过程中两者的想法、感受、信念、价值和态度相互交换。

2. 编码和译码

编码是发送者赋予发送的信息以个性化的含义。在传递过程中,采用声音、文字、图像、色彩、动作等作为信息的载体。接收者通过译码赋予收到的信息以个性化的解释含义,并以自己的认知模式对其解释和接受。

3. 信息和通道

发送的信息是真实有意义的,并且代表了发送者的想法、态度、感受、信念等才具有相应的价值,无意义的信息会给沟通带来干扰。通道是信息从发出者到接受者的方式,如通话、短信、邮件等。

4. 反馈和噪声

反馈是接收者以信息、行动、形体语言等做出反应,继而让信息沟通得以持续进行。如乘务和行调之间的"呼唤应答"作业就是标准的信息反馈。无用的信息则只能是沟通背景中的噪声。

案例 5-4 "2·17"房山线列车救援

2013年2月17日19时15分,2119次FS015车在良乡大学城北站发车时,司机操作1号车门选向开关过程中,此开关旋钮脱落。当时司机误认为门选向开关在"0"位,多次安装无法恢复,联系行车调度员(简称"行调"),确定在前方车站更换操纵台到尾车进行开关车门作业。

19时19分,列车到达广阳城站,司机按原计划到尾车进行开关门作业,但由于未考虑到屏蔽门无法联动问题,全列屏蔽门未打开。司机使用自动驾驶模式(AM)维持列车运行,到篱笆房站继续到尾车进行开关门作业,由站台人员配合操纵屏蔽门开关,完成乘客乘降作业。

19时28分,FS015车晚点3分钟到达长阳站,司机按原故障处理方法进行开关门作业。当回到1号车完成更换操纵台作业后,列车客室车门打开。司机将激活钥匙回零,客室车门关闭。再次处于激活状态时,列车车门再次打开。司机联系行调分别采用限速人工驾驶模式(RM)、紧急非限制人工驾驶模式(EUM),短接门关好旁路,使用紧急牵引进行实验,均无法排除故障。19时32分,司机依据行调命令清人,19时36分清人完毕。19时38分,司机向行调请求救援。19时48分,FS017车担当救援任务与被救援列车连挂完毕。19时50分,2701次救援列车由长阳站发车。20时25分,经稻田库线折返回阎村车辆段。

事故原因分析:一是乘务员在发生车辆故障后,未能严格按照操规规定立即清人掉线,使车辆故障影响扩大,造成列车在运营线救援。二是乘务员未能严格执行单司机制的相关规定。在发生不能独自处理的车辆故障时,未按照单司机制的要求,及时联系站台人员协助进行处理。并在后续处理过程中因考虑不全面,未及时发现屏蔽门不与车门联动的问题,扩大了此次事故的影响。三是"站车一体化"联动工作还需要进一步加强。特别是单司机制条件下,面对一名乘务员不能处理的故障,站台人员没能充分发挥协助作用,帮助乘务员完成故障处理,并对其作业状态进行有效监控。对于发现的危及行车安全问题,没有采取有效措施提示乘务员进行处理,成为造成事故影响扩大的另一个侧面因素。

(资料来源:https://wenku.baidu.com/view/)

(二)沟通的类型和方式

1.沟通的类型

(1)单(双)向沟通。无须信息接收者提供反馈的沟通,如通知等是为单向沟通;有反馈的信息沟通,如呼叫-应答,问题讨论等是为双向沟通。

(2)垂直(水平)沟通。管理者与成员之间的沟通是为垂直沟通,包括下行沟通(目标、内容、方法、激励和评估);上行沟通(行车信息、执行信息、问题信息等)。同一层级的班组成员之间的沟通是为水平沟通,如乘务员之间的合作。

2.沟通的方式

沟通的方式主要有语言沟通和非语言沟通。语言沟通可以使沟通的过程超越时间和空间的限制。语言沟通是最有效、最准确的沟通方式,也是运用得最广泛的一种沟通形式。

非语言沟通可以通过三种方式实现:第一种方式是通过动态无声性的目光、手势语言、表情动作和身体运动等实现沟通;第二种方式是通过静态无声性的空间距离、身体姿势以及衣着打扮等实现沟通;第三种方式是通过非语言的声音,比如说声调、重音的变化、笑、哭、停顿等来实现沟通。

(三)群体沟通对行车安全的影响

(1)沟通精准,避免事故。城市轨道交通日常运营是由多工种同时协调进行的,工作群体的有效沟通是安全行车的重要前提和保证。如行调与乘务员及各类行车作业信号的发送和接收都必须准确且迅速。如果在行车作业中的信息发送、接收、转换等各沟通环节出现失误,将直接导致行车安全事故的发生。

(2)沟通越多,合作越多,行车更安全。任何群体都存在竞争与合作,而沟通越多,人们越倾向于合作。在一个行车作业群体中,通过加强沟通交往,增加相互了解,创造融洽气氛,将产生更多的共同语言。合作互补,良性竞争是安全行车的必需条件。

(3)有效沟通化解冲突。即便是最好的群体或个体的关系中,冲突也是不可避免的,所谓冲突,是指一方感到自己利益受到另一方反对或消极影响的过程。在高度竞争和激烈冲突的情况下,当事方会对对方产生出不信任、只关心自我利益、不愿意聆听等特征,如分析事故时,不同群体之间为推脱责任,大多采取这种态度。通过有效沟通可以最大限度地把握和处理各种冲突事件,从而保障行车安全。

三、群体凝聚力与行车安全

(一)群体凝聚力的含义和作用

1.群体凝聚力的含义

群体凝聚力通常指群体对其成员、成员与成员彼此之间的吸引以及成员愿意分担群体目标的程度。群体凝聚力是维持群体存在和发展的必要条件,可以通过群体成员对群体的向心力、荣誉感、责任感以及成员之间的相互协作行为来表现。

2. 群体凝聚力的作用

（1）有助于促使成员为实现共同目标而努力

群体凝聚力吸引并激励全体成员为实现共同的目标而努力,产生积极向上的强烈愿望,形成奋发有为的精神面貌,在共同的奋斗中逐步形成坚强的群体组织。

（2）有助于形成严密的组织纪律

群体凝聚力能有效地消除散漫、随意现象,增强成员的自我约束能力,较好地发挥互相监督作用;能教育成员爱岗敬业,培养职业道德;能教育成员严格遵守组织的有关规定,增强自律意识,养成良好的行为习惯,从而形成严密的组织纪律。

（3）有助于形成强烈的集体荣誉感

群体凝聚力能够引导每一个成员具有强烈的责任感,把自己和群体融为一体,形成健康向上的群体舆论,营造团结和谐的内部氛围,振奋职业精神,珍惜集体荣誉。如案例5-3中司机班组里"比、学、赶、超"学习氛围的营造,骨干司机的"传帮带",主题特色口号的打造,"队徽、队旗"的设置,都为创建青年文明号打下良好的基础,提升了乘务车队的凝聚力和集体归属感。

心理实验 5-3

群体凝聚力与生产效率的关系

社会心理学家沙赫特通过实验研究了群体凝聚力对生产效率的影响情况。沙赫特在有严格控制条件的情况下,检验了群体凝聚力及其对群体成员的诱导对于生产效率的影响。实验中的自变量是凝聚力和诱导,因变量是工作绩效,即生产效率。设1个对照组、4个实验组,分别给予4种不同的条件,即高、低凝聚力和积极、消极的诱导4种不同的结合,如图5-11所示。

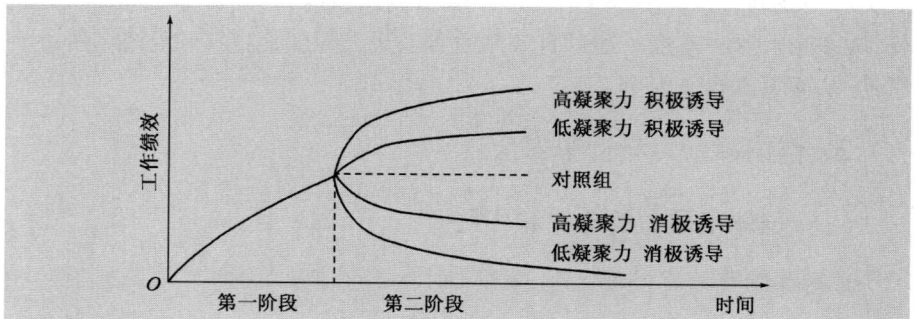

■ 图 5-11
群体凝聚力与生产效率的关系

结论是在其他因素保持不变的状态下,企业的凝聚力越大,这个企业的生产效率就越高,企业也就越有活力。这个实验的结果同时提示管理者注意,必须在群体凝聚力提高的同时,加强对群体成员的思想教育和诱导,克服群体中可能出现的消极因素,这样才能使群体凝聚力成为促进工作效率的动力。因此,对群体成员的思想教育和诱导是管理中不可忽视的重要工作。

（资料来源:https://baike.so.com/）

议一议

群体凝聚力与生产效率的关系如何,是否凝聚力越高,生产效率也越高?

（二）影响群体凝聚力的主要因素

1. 群体目标与个人目标

在一个凝聚力高的群体里,成员的行为高度一致,个人有较强的服从群体规范的倾向。如果这个群体的目标与组织目标不一致,则凝聚力与生产率之间呈负相关;反之,群体目标与组织目标一致,则二者成正相关。前者凝聚力越高,生产率越低;后者凝聚力越高,生产率越高。因此,群体目标与个人目标有机结合,能够增强成员的群体意识和凝聚力;反之群体目标与个人目标无关联则降低群体凝聚力。

2. 群体成员的相似与互补

一般来讲,群体成员在文化、兴趣、需要、动机、价值观等方面相似性越高,群体的凝聚力越强。如果群体成员之间在某个或若干方面能够取长补短,将增强群体凝聚力。而且不同群体间的竞争会促使成员更加团结,为赢得竞争而提高了群体凝聚力。

3. 对群体成员的激励效果

激励是指激发个体的动机,使其向组织所期望的目标努力的心理过程。在安全行车的过程中,激励的对象是承担行车作业的每一个群体和每一位员工。激励能够提高行车安全作业绩效,激发员工的工作积极性并挖掘其潜能。激励的方式主要有以下几种:

（1）将个人目标与组织目标结合起来。组织的目标与个人的目标相一致,容易激发员工的主人翁责任感,从而激发员工积极性的充分发挥,在利益分享、责任承担方面形成团队意识和共识,为追求目标的实现会不断跟进努力,发挥出最大的效能。

（2）奖惩激励。组织根据安全管理的需要,设立安全责任奖惩制度。如果个体或群体严格遵守操作流程和规范,达到一定时间或公里数,从而保证了安全行车,将会受到精神或物质的奖励。在奖惩激励中,组织应制定一系列员工行为规范和配套的具体奖惩标准,在奖惩时保持时效上的一致性,确保公平。

（3）领导者激励。领导者的个人品行、对员工的关心和认同能激发员工干事和创业的热情和士气。如果领导者严于律己、宽以待人、清正廉洁、能力卓越、公平公正、关心并且认同下属,那么就会对员工产生莫大的鼓舞和巨大的激励作用,有助于员工的需要满足和价值的实现。作为领导者要把握好和员工的距离:太亲民,员工对命令就没有执行力;太高高在上,组织就缺乏凝聚力。

4.领导班子的有效性

领导班子越团结,群体凝聚力越强。领导作风民主,群体成员思想更活跃,更和谐,凝聚力更高;反之领导作风专制,群体成员工作积极性缺乏,凝聚力也低。

(三)群体凝聚力对安全行车的影响

在行车安全管理工作中,要充分认识到群体凝聚力对安全作业绩效的影响,确保行车人员的安全态度、规范、目标与组织群体的安全目标保持一致,及时了解和掌握不同乘务群体的凝聚力状态,使其成为城市轨道交通安全行车的动力。

城市轨道交通安全行车的实践表明,有效的安全管理需要乘务、站务、行调等群体的凝聚力作为保证。在凝聚力低的行车作业班组中,安全行车规章制度的执行和标准化作业必然受到较大影响,这时要仔细分析影响凝聚力的主客观因素,加强安全检查和引导,并采取措施提高安全行车作业标准化程度,督促行车作业相关群体及成员学习和改进。同时,良好的安全行车条件和环境,规范的安全行车作业标准,也可以增加城市轨道交通行车作业群体的凝聚力。

案例 5-5　开好每一趟列车,履行每一份承诺(三)

履行每一份承诺,追求每一次进步

提高乘客乘车体验和出行效率,是车队给予广大市民的庄严承诺。为此,队员们努力不止,奋斗不息。车队通过选技术能手、评业务标杆,营造"比、学、赶、超"的学习氛围,发挥骨干司机传帮带作用,提升车队整体业务水平。从点滴教育、大休回炉,到重温培训,通过一系列的培训,补齐业务短板,不断提升司机安全意识和业务技能,大大提高了地铁列车运行准点率,受到深圳市民的广泛认可。

车队队员大多是25岁左右的年轻人,意气风发,风华正茂。为了激发队员工作热情,挖掘团队潜在能量,车队打造主题特色口号并结合岗位特色设置了"队徽、队旗",通过创建青年文明号平台,一路拼搏,分别在2012年和2019年被评为"广东省级青年文明号"(图5-12),命名为"全国青年文明号",极大地提升了车队的凝聚力和集体归属感。

(资料来源:2020-06-24 广东交通发布)

■ 图 5-12
"青年文明号"奖励

实训

请完成实训5,见本教材配套实训工作页。

课后交流

1. 群体的概念是什么? 群体的分类方法有哪些?
2. 群体心理效应主要有哪些?
3. 从众行为对城市轨道交通行车安全的影响有哪些?
4. 如何做好群体沟通,从而保障城市轨道交通行车安全?
5. 群体凝聚力的含义以及对城市轨道交通行车安全的影响有哪些?

城市轨道交通不安全行车行为与心理

◎ 学习目标

1. 了解不安全行为的概念和分类。
2. 掌握不安全行车行为的表现。
3. 理解不安全行车行为的心理过程。
4. 掌握不安全行车行为的预防方法。

☸ 内容结构

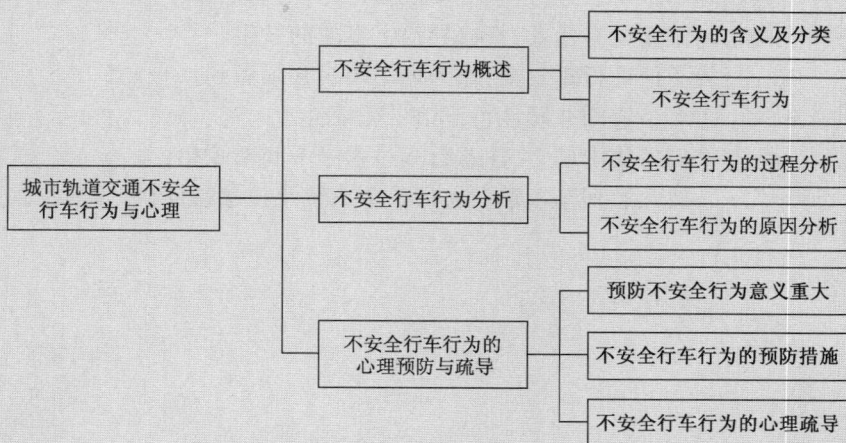

☒ 参考学时

4 学时。

北京地铁"11·5"行车安全重大事故

1995 年 11 月 5 日 18 时 13 分,位于地铁 2 号线内环方向的 516 次列车,在长椿街至复兴街区段与停靠在 163 百米标的 313 次列车发生追尾事故。该事故造成 32 名乘客轻伤,1 名乘客留观无危险;列车部分车钩损坏,2 号线中断运营 302min。

事故视频显示,前方 313 次列车遇黄灯采取减速,在越过信号机后停车等待,占用了前方区间,因此,后方列车接收到的信号为黄灯。但是后车司机安全意识淡薄,以为列车自动停车装置误报警,擅自将该装置关闭,没有采取制动措施。在越过信号机后看到了红灯,惊慌失措中随即采取了几种制动措施,最后由于惯性撞上了前方列车。万幸的是,后方列车追尾时,前方列车制动解除,因而减轻了碰撞的冲击力,减轻了事故发生导致的后果。该事故没有造成重大伤亡,但社会影响非常严重。

思考:

(1)案例 6-1 行车事故产生的主要原因是什么?

(2)案例 6-1 行车事故中司机出现了哪些不安全行为?

安全的行为保平安,不安全的行为引发事故。如案例 6-1 中,因为列车司机安全意识淡薄,遇到黄灯应该是减速,但是司机没有采取相应措施,还擅自切除了报警装置,这些不安全的行为,再加上列车车辆设备因素,ATP 系统的自动停车没有生效,直接导致了事故的发生。

为了保证行车安全,作为列车司机必须做到:

①严格遵循并确认行车信号凭证;

②保持集中精力,注意行车过程中不间断瞭望;

③要熟悉列车车辆设备的各个系统及技术特征,掌握其操作方法。

知识
单元

不安全行车行为概述　单元6.1

一、不安全行为的含义及分类

（一）不安全行为的含义

人们从安全作业结果的角度出发,把作业者的行为划分为安全行为和不安全行为。不安全行为指可能造成事故的行为或违背劳动生产规律的不合理行为,或者说从发生事故的结果来看确实已经造成事故的行为是不安全的。我国安全生产管理中的常用名词"违章指挥"和"违章作业"等即是典型的不安全行为。然而,如何在发生事故之前判断人的行为是不是不安全行为,则往往是很困难的。人们只能根据以往的事故教训,总结归纳出某类型的行为是不安全行为,然后制定规章制度进行管理控制。所以人们常说"规章制度是血的教训的总结",也包括了规章制度的这种滞后性和不完整性两层意思。

对于城市轨道交通行车作业而言,不安全行为危及人身、行车、设备安全,容易导致事故,不仅包括人们常说的违章、违纪、违标等行为,也包括规章制度、纪律及标准中无规定,但危及安全生产,能够构成事故的一切行为。例如,我国城市轨道交通对行车人员作业前或作业中临时患病或者服用具有嗜睡、阻断神经、降低大脑意识水平等作用禁忌药物无明确规定,但这类情况下所产生的行为也会危及行车安全,亦属于不安全行为。

（二）不安全行为的分类

从不安全行为发生的心理原因角度,可以将不安全行为分为冒险行为和意外差错两种类型。

1.冒险行为

从行为主体角度,冒险行为可以分为组织冒险行为、个人冒险行为和群体性冒险行为。

冒险行为是指在生产活动中有意接受风险的不安全行为。其特征是:行为者知道自己的行为具有风险性,或明知违反安全法规、规程或其他安全规定,但由于某种冒险动机的作用,他们有意识地进行可能带来危险的操作或管理决策。在组织冒险行为方面,比如强迫工人冒险作业、不具备安全条件组织生产等;在个人冒险行为方面,比如超速行驶、违规带电作业等。

2. 意外差错

意外差错是指作业者未能觉知危险、在没有违法违章意识的情况下出现作业差错。意外差错与冒险行为的本质区别在于意外差错是一种非故意的不安全行为。安全行为需要及时的感知、信息处理和行动决策，而接收信息错误或失察，错误的判断思维或记忆的保持，以及行为决策失误等都可能导致意外差错。意外差错可进一步从心理机制角度分为信息感知差错、信息处理差错、指令输出与执行差错。

安全小贴士 6-1

事故的"多米诺骨牌"理论

多年来，许多心理学家和安全学家研究出不少与行为(特别是人的不安全行为)有关的事故致因理论。其中，海因里希因果连锁理论是在安全生产管理中应用最广泛、影响最大的一种理论。

1931 年，海因里希因里连锁理论由美国人海因里希最早提出。他用该理论阐明导致伤亡事故的各种因素之间以及与伤害之间的关系。该理论的核心思想是：伤亡事故的发生不是一个孤立的事件，而是一系列事件相继发生的结果，即伤害与各原因之间具有连锁关系。

上述事故因果连锁关系，可以用 5 块多米诺骨牌形象地加以描述，如图 6-1 所示。如果第一块骨牌倒下(即第一个原因出现)，则发生连锁反应，后边的骨牌相继被碰倒(相继发生)。因此，该理论又被称为"多米诺骨牌"理论。

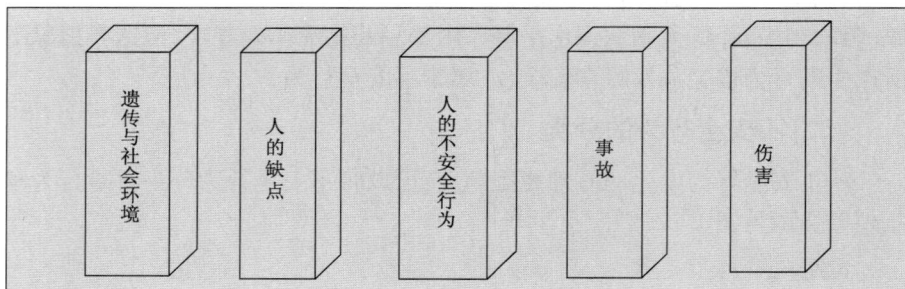

■ 图 6-1
多米诺骨牌事故因果连锁理论

该理论的意义就在于，如果移去任一骨牌(消除连锁事件中的任一件)，则连锁被破坏，后面的骨牌就不会倒下(事故过程被终止)。海因里希认为，企业安全工作的中心是移去"中间的骨牌"——防止人的不安全行为或消除物的不安全状态，从而中断事故连锁的进程，避免伤害的发生。

(资料来源：https://wenku.baidu.com)

二、不安全行车行为

城市轨道交通不仅直接为乘客提供良好的乘车环境,更重要的是保障乘客的安全出行。各运营企业也在不断提升安全保障能力。然而,事故还是难免发生,例如2003年韩国大邱地铁纵火案,因乘务员、行车值班员、行车调度员等的职责缺失,没有第一时间疏散乘客,直接造成344人伤亡。2005年日本铁道公司列车出轨事故也是由于公司管理机制缺陷,当值的乘务员违规超速驾驶,直接导致列车出轨,造成106人死亡。因此,分析和避免不安全行车行为尤其重要。

(一)行车调度员不安全行为

行车调度员是一条地铁线路安全运行的指挥者,对地铁系统的列车运行控制有着直接的指挥权,肩负着地铁运营管理的核心工作。主要负责组织列车的日常运营生产,通过信号、电台等多系统获取运营信息,依据现场情况向车站、列车发布组织运营的口头命令、书面命令、行车指令,处理晚点、恢复运营,处置突发事件等,最大限度地保证运行图的兑现。

行车调度员的不安全行为主要有:对危险认识不足,进行了危险作业;作业程序不当,监督不力,致使违章作业得以泛滥;图省事,走捷径,忽略了安全程序;因身体疲劳,精神不振,导致的调度指挥错误;安全意识差,处置突发事件不及时等。

(二)乘务员(司机)不安全行为

良好的职业心理素质主要基于扎实的专业技术知识与较高的自我情绪调节、心理抗干扰能力。作为城市轨道交通运营关键岗位——电动列车司机,所要求掌握的专业技术知识涵盖有本岗位的规章、规程及电工学、电子技术、机械原理等相关知识,具备列车主电路、控制电路、辅助电路、机械故障的分析判断及处置能力,其综合素质和技能的高低直接决定着列车运行的安全。

根据我国城市轨道交通有关行车责任危险性及以上事故的统计,乘务员引发事故的不安全行为主要表现有:运行中打盹瞌睡;间断瞭望;臆断行车;注意力分散;误认信号;未按规定操作或者操作不当;未按规定使用保安设备;未按规定检查机车和漏检;超速运行。按照不安全行为发生时乘务员的意识状态,可以分为有意的不安全行为和无意的不安全行为,如表6-1所示。

乘务员不安全行为类型表　　　　　　　　表6-1

有意的不安全行为	无意的不安全行为
1. 规章、标准科学合理时的侥幸行为	1. 意识不清醒时的行为
2. 规章、标准无规定的行为	2. 身心缺陷状态的行为
3. 规章、标准不科学合理时的行为	3. 无知状态时的不安全行为

1.有意的不安全行为

即大脑意识水平清醒状态下产生的不安全行为,主要有以下两种情况:

(1)明知规章、标准,依然出现不安全行为。如事故中常见的"臆测行车""值乘中带人""值乘前打牌、赌博等不充分休息"等,此类的不安全行为所占比例最大。

(2)现行规章制度、标准中无规定或规定不够具体、不够科学的行为。如临时患病、值乘前休息不足、情绪不良,能否值乘现规章制度中并无具体明文规定或规定不具体明确,这时也会产生不安全行为,危及安全行车。

2.无意的不安全行为

即行为者无意识状态或者无责任行为能力时发生的行为。按其行为发生时的不同状态可以分为三种情况:

(1)行为者在意识不清醒或者意识水平低下时的行为。如患有发生性睡眠症、睡眠障碍者、值乘前休息不足等都会因疲倦瞌睡、意识水平急剧降低而产生不安全行为。还有患有糖尿病、心血管疾病、感冒等疾病患者,都会因为药物作用使意识水平降低或出现意识水平中断而产生不安全行为。

(2)身心存在缺陷时所产生的不安全行为,如患有色盲、人格缺陷者、年龄偏大时的眼花等原因。

(3)由于无知而造成的不安全行为,该种情况比例较大。如事故案例中常见的"不懂反向行车办法""特殊情况下行车办法不熟悉""漏传指令"等都属于这类情况。

乘务员在工作时要严守岗位,不得擅自离岗,严格执行有关安全规章制度,听从行车调度指挥,按照列车时刻表安全正点为乘客提供快捷舒适的优质的服务。

(三)行车值班员不安全行为

行车值班员在值班站长的领导下,开展行车组织、客运、票务等工作。按照列车运行图及行车调度命令监护列车运行,现场操作员工作站停用时负责现场人工排列进路;非营运时间做好巡道、设备检修的登记和注销手续;密切关注监视屏,掌握站台乘客情况,并视情况及时广播;值班站长不在综控室时代理其职责。

值班员的不安全行为有:接收信息未充分确认,错误领会行车调度指挥或值班站长的命令内容,未严格按照列车运行图组织行车;单调作业引起的瞌睡、走神和精力不集中;紧急情况下不良习惯代替标准化作业;疲劳引起了失误等。

案例 6-2　一次手摇道岔引发的……

2007年4月13日23:20,回龙观值班员在排列2172次接车进路时,保护进路建立,进路始、终端按钮闪光,接车进路未能建立,控制台挤岔电铃鸣响,4/11号道岔定、反位表示灯同时闪亮。值班员向行车调度员(简称行调)报告并再次排列进路,进路未形成,4/11号道岔仍然显示挤岔。23:22,行调要求值班员进行手摇道岔作业,行车值班员要求进行4/11道岔实验。23:23,行调再次下令要求值班员手摇道岔,行车值班员仍然在进行4/11道岔实验。23:24—23:25,行调3次下令,要求值班员手摇道岔。直到23:26行调第六次下令要求值班员手摇道岔时,行车值班员方通知助理值班员赶赴现场。23:40,行调在多次催促值班员后得知仍未将道岔摇至规定位置报告后,下令将道岔摇至规定位置,将2172次接入2号站线。

事故分析:在此次行车作业中,行车值班员暴露出3个问题。一是执行调度命令不坚决、不彻底。在行车调度员6次催促行车值班员手摇道岔后,才赶赴现场手摇作业,同时未执行关于先将1164次接入3号站线折返、再接入2172次的调度命令。二是对行车控制台操作规定和行车设备特性不熟悉。在进行道岔单搬转换实验时,共进行了10余次转换实验,每次搬动仅间隔2~3秒,没有满足道岔转换至规定位置时的时间要求。三是手摇道岔作业不熟练。在长达16min的时间内仍未将4/11号道岔遥至规定位置。

（资料来源:百度文库　安全连着你和我）

不安全行车行为分析　单元6.2

一、不安全行车行为的过程分析

(一)从行为科学理论分析

从行为科学理论角度分析,产生不安全行为的主要原因有:从事危险作业,对危险性认识不足;程序不当,监督不力,致使违章作业;图省事,走捷径,忽略了安全规程;身体疲劳,精神不振导致动作失误;安全意识差,接近危险场所时无护具或未按规定着装。

(二)从行为过程分析

从"感觉刺激-判断-反应"行为过程分析,行车中不安全行为的原因主要有以下几种:

(1)感觉错误,没看见、没听见、看错、听错。

(2)联络失误,确认不充分,错误领会表达的内容。例如,调车作业及特殊情况下行车联络的任何环节出现失误,很可能导致灾难性的事故后果。

(3)遗忘。例如,作业中突然接电话,接电话后继续作业时忘记了继续程序而导致不安全行为或事故。

(4)单调作业引起的走神和精力不集中。例如,电动车组在列车启动和停车时为人工操作、而途中运行为自动控制,这种低负荷的单调作业极易引起失误。

(5)不良习惯引起的不安全行为。作业标准化是安全行车的保证,但在紧急情况下,操作者往往会用习惯动作代替标准化作业,产生不安全行为。

(6)异常状态下的错误行为。在异常状态下,由于人的紧张程度增加而导致信息处理能力降低,在信息处理和作业行为方面都有一些异常,且注意力只集中于眼前能看到的事务,丧失对信息的选择性和过滤性能,导致不安全行为。例如,人们常见的惊慌失措、草木皆兵等。

(7)大脑意识水平问题。人的大脑意识水平决定人的注意力水平和作业可靠性,是安全行为的基础。

(8)环境影响。光线、温度、湿度、噪声振动、电磁辐射、空气质量、色彩、作业场所布置等环境因素不但影响人的身体健康,同时也从不同方面影响或制约作业行为。

（9）管理与教育训练方面的因素。设备更新而技能水平没跟上，容易产生操作失误。安全管理制度不健全、作业标准不科学、作业时间班次安排不当、安全教育训练不够等，产生不安全行为或事故。

案例 6-3　9·27上海地铁10号线追尾事故

2011 年 9 月 27 日 14∶10，上海地铁 10 号线新天地站设备故障（图6-2），交通大学至南京东路上下行采用电话闭塞方式，列车限速运行。14∶51，列车豫园至老西门下行区间两列车不慎发生追尾。14∶51，虹桥路站至天潼路站 9 站路段实施临时封站措施，其余两端采取小交路方式保持运营，启动公交配套应急预案，公安、武警等赶赴现场协助疏散。截至 20∶38，两列事故列车内 500 多名乘客已经全部撤离车站。经初步统计，约有伤员 40 余名，大部分为轻微伤乘客，未发现重伤。受伤乘客已得到及时的医护处理。

■ 图6-2
9·27 上海地铁 10 号线追尾事故

分析：此次事故中最让人忧虑的是行车人员"未准确定位""未严格确认"，这种小疏忽在一些人的工作中也常常存在。有的人正在工作时头脑却想着别的事，或者被一个电话或说话声打断，一不留神就把该做的事忘了。在平常时候，因为没有其他不利条件，这种小疏忽也就被忽略了。但在关键时刻，任何一个人的小疏忽都可能造成严重的后果。这起责任事故启示我们，地铁运营事关公共安全，应当有严密的安全保障制度设计。这种制度设计的一个明确指向是，避免一切可能的小疏忽，真正做到万无一失。比如，就安全责任链上的任何一个环节而言，设计的安全制度对工作人员都应有极为严格的安全要求，对工作环境都应有不受干扰的保障。同时，对于关键岗位上的人员安排，应当同时配有两个角色，以互相监督、互相提醒，防止因个人小疏忽酿成大事故。

（资料来源：https：//baike.so.com/doc/5440631-5678955.html）

二、不安全行车行为的原因分析

很多事故是由人的不安全行为引发的，准确认识人的不安全行为，找出引发原因，并在日常安全管理中去纠正、制止这些不安全行为，是预防事故的有力措施。通过对行为进行整体分析，主要分为生理和心理两方面的原因。

(一)不安全行车行为的生理分析

1. 过度疲劳

疲劳是劳动活动中的正常生理心理现象,但过度疲劳却是国际公认的事故主要致因之一,是指工作时间过长,劳动强度过重,心理压力太大。作业者由于长时间超负荷地工作,加上经常熬夜,饮食不定时,就会使疲劳积累,出现最后的过劳。过度疲劳状态之所以容易出现意外差错,主要是由于疲劳状态下感知能力下降、中枢神经系统信息处理速度减慢、动作控制能力减退和动作不准确。

城市轨道交通乘务员岗位岗前必须牢记"安全、准确、高效、服务"的运营宗旨,学习和执行有关安全生产的规章制度,在岗期间需要注意力高度集中,尤其乘务员出勤前必须充分休息,其身体状况必须符合工作条件才允许出勤。

2. 睡眠不足或瞌睡

劳动时间较长,下班延迟,加上到达工作地点的行走距离远和班前班后会、换工作服、领工具、交接班等所花时间,剩下休息和睡眠的时间十分有限,如果再有其他个人和家庭事务需要处理,休息的时间就更少,睡眠不足的情况很多见。睡眠不足会导致人的生理和心理功能明显下降或紊乱,呈现昏沉、瞌睡或意识清醒程度下降,导致意外差错和事故的发生。特别是由睡眠不足造成的瞌睡状态,是很多事故的直接原因。

我国城市轨道交通乘务班制采用轮值表和排班表编制标准,北京京港地铁公司规定乘务员岗工作人员每周工作40小时,每天轮值采用白班夜班制,每次弹性时间为6~11个小时。

3. 过量饮酒和药物反应

大量研究表明,酒精是一种神经抑制剂,会造成感觉迟钝、记忆力和判断能力下降、动作协调性下降等反应,对安全作业的影响很大,因酒后上岗引起的事故时有发生。酗酒与受伤率存在明显的相关,酗酒的员工与没有此类问题的员工相比发生事故的可能性更大。

另外,近年来药物滥用问题日益突出,其对安全生产也构成了威胁。目前不适当用药和过量用药非常多见,并有滥用精神药物现象,这不但对人的健康有害,对作业安全也构成了威胁。有些药物对人的精神、心理和行为会造成影响,特别是镇静剂、兴奋剂、迷幻剂、麻醉镇痛剂等对人的神经系统的正常功能影响较大,如导致人的意识状态昏沉、产生幻觉和错觉、过度兴奋和过度抑制等。而某些抗溃疡药、止咳药、抗菌药、激素及治疗心血管病的药物对人的心理和生理功能也有很大影响,也是可能导致作业差错的重要因素。

近年来,地铁公司日益重视过量饮酒和药物反应引起的不安全行为,北京市地铁运营有限公司电动列车乘务员安全规定中明确规定:乘务员出勤前必须充分休息,严禁饮酒,其身体状况必须符合工作条件。

(二)不安全行车行为的心理分析

1.侥幸心理

侥幸心理是一种在工作和生活中都广泛存在的心理现象,是一种趋利意识作用下的投机心理,是许多不安全行为者行动前的一种心态。有这种心态的人,不是不懂规章制度或缺乏安全知识,也不是技术水平低,而是一种典型的明知故犯。

心理学理论告诉我们,当人们面临许多选择的时候,最终所采取的行动是受各种动机中的主导动机驱使的,"避险"动机往往与"趋利"动机(如多挣钱、怕失业、省时、省力等)相矛盾。当趋利动机成为主导动机时,就会产生侥幸心理。特别是人们虽然曾看到或听说过很多伤亡事故,但在实际的行车作业中有时很多次违章也没出事故,这容易使人将冒险行为评估为很低的风险,而产生"这次违章冒险作业也不会出事故"的侥幸投机心理。

2.冒险心理

冒险心理是个体具有的冒险意识和冒险行为倾向。实践证明,具有冒险心理的人往往也是事故易发者。他们除了更容易有意接受风险外,还存在对风险的错误认知,有的人可能三思而行,规避风险;有的人则可能拿生命当儿戏,冒险蛮干。冒险心理主要有两种情况:

(1)理智性冒险。由于一些职业的特殊要求,其作业的危险性较大,但也必须进行,如调车员的调车作业等,但这类有相当风险的作业规章制度和作业程序标准都往往规定得较为严格,其目的就是通过科学严格的标准化作业,最大限度地减少这种危险性;还有一种理智性冒险就是在特殊情况下,如突发事件(抢救坠轨乘客),必须立即采取措施,挽救诸多的生命财产,而此时安全保障条件又不具备的情况下,不得不冒险。这种理智的冒险行为是一种无畏的勇气和不怕牺牲的精神,是一种高尚的行为。

(2)非理智性冒险。这种心理一是为了满足自己的虚荣心;二是常常和赌博心态相伴。安全作业或有危险的不安全作业,具有冒险心理的人往往选择后者,抱着赌一把的心态而选择不安全行为。当选择不安全行为而冒险成功时,这种人会在心态上获得一种快感和满足,并强化自己的这种心态,使其得到在个体内心的巩固,从而使自己的冒险的不安全行为成为一种习惯。如行车途中通过信号机显示红灯时有两种可能:一种情况是前边区间有车;另一种情况是该信号机故障。按相关规定应当在该信号机前停留 2min 后再以不超过 20km/h 的速度运行至下一信号机前,根据下一信号机的显示运行。但具有冒险心理的作业者,以自己主观的心态猜测为信号机故障(臆测),既不在红灯前停车,也不以 20km/h 以下的速度运行。如果这样冒险的不安全行为得不到有效的遏制,就会成为习惯或得到蔓延,成为巨大的事故隐患。在前边有车停留或低速运行时,势必造成重大人员的伤亡或不可挽回的经济损失。

3. 盲目自信心理

盲目自信的人,总认为这是"经常干的工作""不知干过多少次""从来没有什么危险"等。在安全学习和培训时,由于认为自己一切都行,所以很难听进别人的忠告和安全警告。在这类心理状态支配下,行车作业者在作业过程中,缺乏应有的警惕性,不注意出现的异常情况。当突然出现与预料相反的客观条件变化时,由于没有心理准备,原有定势遭到破坏,因此往往表现为惊慌失措,手忙脚乱,不能及时采取有效措施,造成事故。

4. 惰性心理

惰性心理也称"捷径心理"或"节能心理",指在作业中尽量减少能量支出,能省力时便省力,能将就则将就的一种心理状态。这种心态在作业过程中表现为图省事,怕麻烦,不愿受安全规章制度的制约,简化作业,应付差事。由于惰性凑合心理的普遍存在,对安全行车的影响也就特别大。这种心理有时还和侥幸心理密切关联,认为省点事不至于出问题。但恰恰是这种心理,常常成为致祸的根苗。

5. 麻痹心理

有麻痹心理的人,在行为上多表现为马马虎虎、大大咧咧,作业中缺乏严肃认真、一丝不苟的精神。对安全作业虽明知重要,但往往是口是心非,在内心世界总觉得无所谓,缺乏应有的警惕性。造成麻痹大意心理的因素很多,但主要表现在:①认为自己的技术过硬,不会出什么问题;②以往成功经验的强化;③高度紧张后精神疲劳,思想放松;④个性因素,如一贯松松垮垮、具有不求甚解的个体特征。

案例 6-4 麻痹大意违章操作"闯"出的只能是事故

××年9月的一天,某车辆段司机驾驶 H436 车组担当 1061 次,回段运行至某车辆段小站台后仅凭 D1 显示的调车信号白色灯光运行入库,忽视了入库进路上的调车信号机的显示,造成冒进显示红色灯光的 D5 信号机。当列车第一节车厢驶过道岔后,道岔按程序转动,致使列车的第二节车厢车轮与第一节车厢车轮分别进入两股线路,受相互纽拉作用力,造成列车第二节车厢的第一台车车轮脱轨掉道。

分析:此次事故发生的原因主要有两点。一是信号楼值班员安全行车意识淡薄,没有充分认识到车辆段小站台高柱信号机至 D1 入库信号机是列车司机、行车调度员、车站行车值班员、车辆段信号楼行车值班员四方在行车组织工作中的控制关键点,造成了行车的随意性;没有严格执行"一次作业标准化"操作程序,未按规定办理调车进路,在 D5 至 25B 进路未办好的情况下,将 D1 至 D5 安全保护区段解除,没有使列车扣在小站台,致使信号设备安全防护失去作用。二是司机不看信号走车,忽略进路上相关调车信号机的显示和对有关道岔开通状态的确认,冒进禁行信号,盲目行车。

（资料来源：百度文库　安全连着你和我）

6.逞能心理

逞能心理是青年人普遍存在的心理特征。一些年轻职工会在这种心理驱使下,为了显示自己的能耐,头脑发热,干出一些冒险愚蠢的事情来。如有的青年工人,几个人一起在无任何指导监护的情况下,扒车代步、飞上飞下,很易酿成惨祸。争强好胜本是一种积极的心理品质,但这种心理发展到不恰当的地步,就会走向反面变为逞能心理,会以牺牲安全为代价换取逞能心理的满足。有这种心态者对安全知识略知一二,但往往在其逞能心理的支配下,为炫耀表现自己,产生盲目行为,结果事与愿违,酿成事故。

7.急躁心理

急躁心理是一种较为常见的心理品质,办事情、干工作喜欢快捷,内心世界对慢节拍有着反感和厌恶的情结;在作业过程中,缺乏一丝不苟的认真精神和标准化作业的心态,常常表现为快节奏、图痛快,总认为越快越好,所以经常伴随着执行作业标准敷衍了事、简化作业的不安全行为;如果遇到调度或其他工种人员的催促,则更会忘乎所以,把安全问题抛到脑后,由快而变成冒险行为,所以往往由此造成事故隐患或直接造成事故。

8.逆反心理

心理学家认为,人的动机具有内隐性的特征。逆反心理便是动机的这种内隐性的特征之一。这是一种无视社会规范或管理制度的对抗性心理状态,一般在行为上表现为"你让我这样,我偏要那样""越不允许干,我偏要干"等特征。有逆反心理的人对各种安全法规、规章制度缺乏理性认识,对组织的安全生产要求产生一种反感心理,这直接影响到他们的安全意识。一般来讲,青年人和个性较强的人容易产生逆反心理。一些现场安全管理人员简单粗暴的管理方式,也容易促使产生逆反心理。

除上述的几种易于引发不安全行为、从而导致事故的心理状态外,还有一些心理状态也与安全行为有关,例如从众服从心理、疲劳心理、好奇心理、紧张恐惧心理、爱美心理等,也会引起不安全行为,应注意识别这些心理状态并加以重视。

应当注意,不安全行为往往由几种心理状态所支配,如侥幸心理常常和冒险心理、凑合心理等联系在一起;同时一种心理状态也会引起众多的不安全行为。在进行安全教育和安全指导时应加以识别,在了解掌握受教育对象真实的心理状态后,因人而异采取适宜的方法,才能收到应有的成效。

不安全行车行为的心理预防与疏导 单元6.3

一、预防不安全行为意义重大

事故致因理论分析认为人的不安全行为是导致事故发生的重要原因。一般来说,工业系统发生的事故中,有 60% ~ 90% 可归结于人的错误行为,轨道交通领域也不例外。有研究对 27 个欧洲国家在 1980—2009 年,主要轨道交通线路发生的重大事故进行分析,发现导致事故发生的众多原因中,人为因素占 74% 。而人的不安全行为产生原因是多种因素综合作用的结果,采取适宜有效的控制措施,才能使作业者在作业过程中的不安全行为出现的概率最低。

那些具有一定不良生理和心理特征的人,在作业过程中更容易导致事故的发生。如果将具有这些心理特征(如过度疲劳、过量饮酒、喜冒险、爱冲动、有侥幸和凑合心态等)的人筛选出来,不让他们从事危险的作业或生产活动,就可减少不安全行为,从而减少事故的发生。

二、不安全行车行为的预防措施

(一)安全保护装置的耐失误设计

以人为本,设计安全的作业系统,是减少不安全行为、保障作业者人身安全的根本和基础。行车中最常用的方式是采用联锁装置防止人员误操作。

在一旦发生人失误可能造成伤害或严重事故的场合,采用紧急停车装置可以使人失误无害化。如采用光电控制或红外线安全监控系统,防止作业者进入未断电的车顶;在有可能由于作业者的疏忽,使列车速度超过区段限速而带来严重后果的场合,设置自动停车装置,如列车自动停车装置,在列车接近红灯而未能采取制动措施停稳或超速运行致使列车紧急制动被触发、实现自动停车,这样,即使发生失误也不会发生列车碰撞事故;采用联锁装置使人员失误无害化,如车门联锁保护装置,在升弓带电的情况下即使作业者有误操作行为也不能进入高压室,防止人员触电事故发生。

(二)推行作业标准化

作业标准化,就是对行车过程中,经常重复进行有规律的作业活动,如机车检查、机车操作、信号确认、调车作业、车机联控等,规定严格的标准并实施。

这些标准包括作业程序、作业方法、时间要求和质量要求,以及其他应遵守的规定。其目的是保证安全、准确、协调地完成各项作业,从而确保运输生产全过程的整体安全的效果。

作业标准化具有全员性、规范性和重复性的特点。所谓全员性,就是对每个岗位、每个人、每项作业都有标准化的要求,都必须按标准要求办事,实行全员标准化;规范化就是作业标准的制定合乎安全作业的规律、标准的执行要求,严肃认真,一丝不苟;重复性就是作业标准化是不断重复的过程,要求作业者不厌其烦地执行,不得简化。

(三)审查和监控人为失误

各种审查是防止人失误的重要措施。在时间比较充裕的情况下,通过审查可以发现失误的结果而采取措施予以纠正。如司机接收调度命令时的复诵,对行车信号、道岔的呼唤应答确认等,都是避免高风险事态发生的有效措施。

我国轨道交通目前都安装和使用"列车运行监控记录装置",可监控和记录司机安全作业状态,当列车司机发生误认信号、超速运行等不安全行为时,该装置可通过自动停车或减速等手段进行控制,有效防止人的失误。

(四)优化现场作业环境

生产现场的噪声、烟雾、水汽以及照明不足、空间狭窄等不良因素会妨碍作业者对信号和危险信息的察觉和接收,对人的生理和心理造成不利影响。要努力改善作业环境,消除这些干扰因素。对信号装置应改善设计,采用能避开或屏蔽干扰的技术措施,例如,在噪声大的场所多使用视觉信号,加大警告信号的强度,使听觉信号与噪声频率拉大差距等。

(五)加强现场安全管理,实行操作监护制度和操作确认制度

对于重要的作业岗位和易出差错的作业任务,实行一人操作一人监护制度是防止意外差错的有效方法。要实行信号、指令接收复述确认制,极重要的操作动作还应设多重(包括人员和设备设计)保险环节。现在,国内外有些企业采用的手指口述操作法就是预防意外差错的有效方法。具体做法是:在进行作业前,先把要进行什么操作大声口述一遍,有的要求配合手指动作,然后再进行实际操作。采用以上现场管理方法既可使操作者通过复述强化记忆,防止信息输入遗漏,又可在作业者发生指令输出错误、延缓等差错时及时自我纠错,或由监护者采取应急行动阻断错误操作行为或及时进行救护。这些办法简单易行,确有实效。

(六)提高设备的整体性能

城市轨道交通中的设备种类较为繁杂,并且数量较多,为避免因设备性能降低而引起安全事故,必须进一步提升设备的性能。首先,在地铁工程建设之初,应加大资金投入力度,采购技术先进、质量过硬的设备,所有的安全

设施必须安装到位,各个系统在投入之前,应当进行试运行,确认稳定、可靠之后,方可正式投入使用。其次,为减少设备故障问题的发生,应加强设备的维护和检修工作,编制合理可行的检修计划,定期对重要设备进行检查,发现问题及时处理,防止隐患扩大,造成安全事故。

(七)改善城市轨道交通运营环境

自然环境具有不可控性,要最大限度地减轻各种灾害对城市轨道交通行车安全的影响,从而使事故的损失降至最低。环境因素引发的行车安全事故具有突发性的特点,工作中必须增强应急处置能力,制定相应的应急预案,预案中应包括水灾、火灾、地震、断电等情况的处置措施。同时,加强对预案的学习和演练。通过实战演练,找出预案当中存在的缺陷和不足,加以改进和完善,以便突发事件出现时,能够妥善处理和应对,从而为城市轨道交通的运营安全提供强有力的保障。

三、不安全行车行为的心理疏导

(一)提高安全心理素质,减少冒险行为

(1)加强安全价值观教育。树立人的生命安全高于一切的正确价值观,使管理者和作业人员增强道德感。建设"人的生命和健康高于一切"的安全文化,防止以重生产轻安全为主的错误价值观转变为冒险管理行为。

(2)开展安全心理教育和训练。进行扎实的安全技术培训,特别是风险认知教育,防止作业人员冒险蛮干。通过对安全生产重点岗位进行人员选拔,排除冒险倾向特征比较突出的人员。提高职工安全心理素质,配合科学的现场管理,强化安全生产的群体气氛,以削弱冒险行为动机的产生。

(3)加强法治建设。严厉惩罚安全违法行为,促进企业加强安全管理;加强安全检查,对生产过程进行不间断监管,使违章冒险行为无机可乘。

(二)疏导负面情绪,减少差错行为

(1)提升管理水平,关注情绪状态。管理者应经常与行车人员进行谈心等心理接触,了解个人基本情况,对于有特殊情况的人员要给予充分的帮助与关心;上岗前、在岗中,要及时关注员工状态,对于状态不好的作业人员要多加监护,必要时及时调整,防止事故的发生。

(2)控制作业时间,减轻作业强度。改善作业条件,减轻繁重的体力消耗。要严格控制加班延点,保证休息间隔,使疲劳得以充分恢复。此外,还应尽量为基层员工创造工余休息的条件,以保证工人能尽快消除疲劳。

(3)加强道德教育,提高职业素养。避免因责任心不强引发安全问题。此外,城市轨道交通企业可适当组织一些技能比赛,调动员工的学习积极性。

实训

请完成实训6,见本教材配套实训工作页。

课后交流

1.什么是不安全行为?

2.不安全行为的分类有哪几种?具体内容有哪些?

3.预防行车作业不安全行为的措施有哪些?

4.如何在心理上进行疏导和避免不安全行车行为?

城市轨道交通行车安全心理学(含实训工作页)

CHENGSHI GUIDAO JIAOTONG XINGCHE ANQUAN XINLIXUE (HAN SHIXUN GONGZOUYE)

城市轨道交通行车安全心理调适

◎ 学习目标

1. 了解救援人员心理调节与训练的意义。
2. 掌握心理调适的技巧，正确应对职业压力和倦怠。
3. 掌握救援人员心理调节的策略及心理训练的方法。
4. 理解心理救援的含义，学会行车事故心理救援策略。

❀ 内容结构

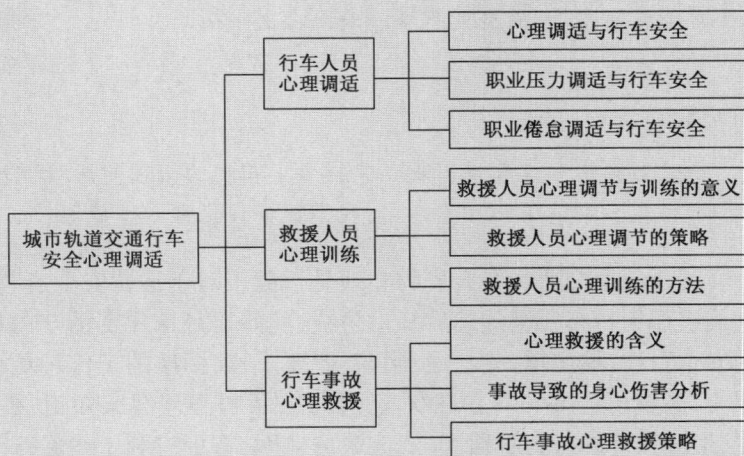

❈ 参考学时

4 学时。

案例
7-1
地铁司机的心理健康令人担忧

田师傅是一个在地铁里干了 30 年的老司机,49 岁,看上去却比同龄人苍老许多,工友们开玩笑说:"看看田师傅有多老,就知道我们地铁司机有多苦啦。"

"别人都说,你们说话怎么跟吵架似的?"田师傅说,"这是因为我们已经习惯在嘈杂的环境里大声讲话了。"由于工作环境影响,地铁司机们的听力都受到了不同程度的损伤。休息的空当里,田师傅给老同学打电话,老埋怨听不清楚,但当记者接过电话时却听得一清二楚……田师傅告诉记者,在家看电视,他把声音开到最小,因为他只要听见大一点的声响,就会心里发慌,很难受。

为了安全起见,地铁公司给司机规定了许多规范动作。比如在驶离站台时,必须右手食指指向出站灯,确认是绿灯后口喊"出站绿灯",再开动地铁。田师傅是一个负责的司机,每站都是这样做的。这样,环线一共 18 个站,每跑一圈手指 18 次出站绿灯,按照每天跑 8 圈,每年工作 300 天,30 年下来,田师傅至少手指了 1296000 次出站绿灯。田师傅告诉记者,在马路上看见红绿灯,自己都会情不自禁地指一下,嘴里念叨"出站绿灯"。

汪师傅从地铁技术学校一毕业就来到地铁工作了,如今是他工作的第 20 个年头。汪师傅的小儿子刚上初一,刚刚考的公共英语一级口语还拿了优秀。儿子这么懂事,汪师傅心里自然欢喜。即便如此,他也承认自己动手打过孩子,"有时下班回家了,心里就憋着一股无名火……"

(资料来源:39 健康网)

思考:
(1)田师傅和汪师傅出现了怎样令人担忧的心理健康状况?
(2)在日常的工作和生活中,我们该如何保证心理健康?

城市轨道交通行车人员的心理是否健康对于运营安全有着重要影响。地铁司机作为行车安全的最后一道防线,就好比足球比赛的守门员,承担着巨大的安全责任,加之单一、枯燥、阴暗、严要求、高标准的工作环境,容易诱发心理压力,造成司机不安的心理状态。因此,了解心理健康知识,提高职业道德修养,形成良好的行为习惯,养成健康的体魄,将更有利于确保行车安全,降低事故发生率。

行车人员心理调适 单元7.1

一、心理调适与行车安全

(一)学习心理健康的知识,科学管理自我,保证行车安全

日常工作和生活中,可以运用对照检查法。对照心理健康的标准(表7-1),细心观察,留意自我身心发出的信号,若出现失眠、胃口不佳、心悸,情绪低落、焦虑、抑郁,烦躁,易怒,且持续时间超过一周甚至更长,意识上有注意力不集中,反应迟钝、失眠健忘等情形,应该关注自己的心理状态是不是健康状态,是否有应激性事件,及时进行自我调整。

不同心理问题可能造成的不安全行为   表 7-1

心理问题	可能诱发的压力源	关 键 词	列举压力源对应的不安全行为
强迫	无条件反射	猜测、臆测	错误排列进路
	集中	无条件信任潜意识	列车早进禁行信号
	前摄抑制	习惯性违章	错误操纵行车设备
	倒摄抑制	模糊概念	对于不熟悉的业务知识不细纠
焦虑	条件反射	利己而行	工作投机取巧、专业利己行为,不探究是否违规
	恒常知觉	知觉反应延迟	规章制度变了,之前的记忆不做更新
	不随意注意	自我意识强	以经验抵结果
	需要层次	需要	对于不满足预设需要的事件草草了事
抑郁	气质	体液说、体型说、血型说、激素说	对待应急突发事故的处理冷漠
	性格	静态与动态结构	
人际关系敏感	扩散	走神、不专注	对工作的细节问题,经常有疏漏
	有意想象	利己想象	为了达到预期目的而为实施工作找借口、找依据
	诱导	无限放大、无限遐想	不能正确面对他人批评、将他人相关的工作与事件置于对立面
敌对	错觉	实际不存在的现象	虚构意识造成内心阴影,工作提不起精神
	记忆	意识选择	对于一些问题的出现,不能够及时的遏制,而且对于经常出现的问题可能认为很平常不再认为是问题

(二)学习使用心理测量工具,未雨绸缪,维护行车安全

在城市轨道交通行业各岗位招聘过程中,会严格依据专业的心理测评工

具来测量从业者的心理承受能力、应激能力、心理健康水平。在日常生活中，行车人员使用科学的心理测评工具，能快速、基本判断出心理问题的程度，再依据实际情况，选择适合自己的心理帮助。值得注意的是，科学的心理测评工具和网络上的趣味心理测试不同，是心理学家经过大量的临床实验，大量的样本取样，制定出科学的常模，总结出来的，具有其科学性和权威性。

安全小贴士 7-1

抑郁自评量表(SDS)

抑郁自评量表(Self-rating Depression Scale，SDS)，是含有20个项目，分为4级评分的自评量表。它包括20道题，由个体依据自己一周内的实际感觉回答，分别反映人的抑郁心情、身体征状、精神运动行为及心理方面的症状体验，因为是自我评价，不需要别人参加评价和提醒。题目中加上 ∗ 号的题目是反项计分题，评分应注意得分是相反的。

指导语：下面有20条文字(表7-2)，请仔细阅读每一条，把意思弄明白，然后按照自己最近一周以来的实际情况进行选择，在相应的方框里打"√"。A：表示从无或偶尔；B：表示有时；C：表示经常；D：表示总是如此。正向评分题，依次评分1、2、3、4。反向评分题(测试中加"∗"号的题目)，则评分为4、3、2、1。

抑郁自评量表(SDS)20 道评测题目　　　　　　　　　　　　表 7-2

题　　目	A	B	C	D
1. 我感到情绪沮丧，郁闷				
∗2. 我感到早晨心情最好				
3. 我要哭或想哭				
4. 我夜间睡眠不好				
∗5. 我吃饭像平时一样多				
∗6. 我的性功能正常				
7. 我感到体重减轻				
8. 我为便秘烦恼				
9. 我的心跳比平时快				
10. 我无故感到疲劳				
∗11. 我的头脑像往常一样清楚				
∗12. 我做事情像平时一样不感到困难				
13. 我坐卧不安，难以保持平静				
∗14. 我对未来感到有希望				
15. 我比平时更容易激怒				
∗16. 我觉得决定什么事很容易				

续上表

题　目	A	B	C	D
＊17.我感到自己是有用的和不可缺少的人				
＊18.我的生活很有意义				
19.假若我死了别人会过得更好				
＊20.我仍旧喜爱自己平时喜爱的东西				
总分				
标准分＝总分×1.25				

（摘自《心理卫生评定量表手册》，具体内容有删减）

抑郁自评量表（SDS）实际核定总分的正常上限为41分，分值越低状态越好。

标准分为核定后的总分乘以1.25后所得的整数部分。我国以抑郁自评量表（SDS）标准分≥50为有抑郁症状。

（三）保持情绪稳定愉快，养成健康生活方式，保障行车安全

世界卫生组织1992年在加拿大维多利亚召开的国际心脏健康会议上发表了著名的《维多利亚宣言》。宣言提出健康有四大基石：合理膳食，适量运动，戒烟限酒，心理平衡。

（1）合理膳食。保证良好的饮食习惯和营养搭配。定时定量吃饭，有粗有细，不甜不咸，三四五顿，七八分饱；多吃健康多样化的食物，包括新鲜的水果蔬菜、鱼类、坚果类、酵母菌、蛋类、海藻、糙米类食物；适度饮水，少量多饮，不能等到口渴时才喝水。

（2）适量运动。适度的运动能够降低机体的紧张程度，帮助维生素和矿物质的吸收，促进睡眠。任何形式的体育运动都是有益的，例如散步、游泳、跑步、骑车等。若在运动时邀上三五好友，效果会更好。切记，运动不是越激烈越好，规律的运动最好。

（3）戒烟限酒。吸烟可以引起慢性支气管炎，肺部疾病，还增加了心脏病和高血压的危险，吸烟对人体百害而无一利。适量饮酒可以促进血液循环，过量就会对五脏的健康不利，影响消化吸收和营养物质的新陈代谢，对各种疾病的治疗和康复也有较大的负面影响。

（4）心理平衡。这是最关键的一条，比其他一切因素都重要。世界卫生组织指出，生理、心理、社会人际适应的完满状态才是健康。只有心理健康了，生理才能更健康，古人说"恬淡虚无，真气从之；精神内守，病安从来"，就是这个道理。学会自我调节，保持心态健康，就会拥有一个健康的身体。

那么，怎样保持稳定的心态呢？一方面要正确对待自己，不要居功自傲，也不要妄自菲薄；另一方面，正确对待他人，正确对待社会，永远对社会存有感激之心。只要按照科学规律生活，就能健康享受每一天，实现个人幸福，家庭幸福，社会幸福。

案例 7-2　想当地铁司机　先过心理测试关

7月1日,常州地铁运营订单班举行定向招生现场报名及面试,向济南铁路高级技工学院、华东交通大学、武汉铁路司机学校共提供了150个相关专业的录取名额。面试现场火爆,吸引了超过500名学生。

"谈一谈你对地铁的认识,你怎么看待竞争淘汰机制?"面试官向5位考生提问,每个考生轮流作答。除了这样的必答题,面试环节还设置了抢答题,考官随机抽取题目,考验考生的反应和作答能力。

记者在现场了解到,相关专业对考生的要求各不相同,如运营管理专业对考生的身高、气质、视力等都有限定条件。而与其他专业仅笔试或面试相比,华东交通大学内燃司机专业的考生在笔试环节除了需完成25道综合题外,还要另外再完成100道心理测试选题。

"地铁司机需要在一个密闭的环境下工作,与人沟通比较少,所以我们要求地铁司机的心理素质相对较好,遇到突发情况能快速妥当处置。"

华东交通大学招生办公室主任告诉记者。他还强调说,地铁司机的工作涉及公共安全,身体素质和心理素质都要过硬。

据悉,地铁司机专业学生第一年将在校学习轨道交通信号、车辆控制、行车组织、车辆驾驶等专业基础理论课程;第二年接受模拟驾驶、故障处理等实训课程培训;第三年进其他城市地铁列车跟资深师傅操练。上岗前,还要考取国家颁发的轨道交通司机驾驶证。

(资料来源:现代快报)

二、职业压力调适与行车安全

(一)躯体调适

对许多行车人员来说,压力就等于紧张。因为在遭遇压力的时候,肌肉会拉紧,血压会升高,心跳会加快,激素的分泌会增多等。但这些反应都可通过放松来控制,从而达到减轻压力的效果。

(1)深呼吸:这种方法随时都可以进行。闭上双眼,深吸一口气,然后慢慢呼出来,在呼气的同时默念"放松",连续进行3~5min。如果仍未完全消除紧张,可在深吸气的同时握紧双拳,这样持续几分钟。

(2)积极想象:闭上眼睛,放松地躺下或者是坐下,然后想象一处美丽的风景,将那些自己不想要或者不想考虑的问题统统丢弃等。

(3)肌肉放松:肌肉放松是比较容易主动控制的放松措施。这种方式通过有意识地张弛身体各部分肌肉,使肌肉得到放松,进而实现解除生理性紧张反应的目的。该训练进行中注意肌肉紧张松弛的各种感觉,依靠这种感觉逐步学会有意识地进入放松状态。

（4）适度体育锻炼。体育锻炼与肌肉放松训练有异曲同工之处，各种体育活动可以使肌肉在紧张之后进入松弛状态。除此之外，体育活动减少了对压力事件的注意，有利于改善精神状态。比较适合在职职工的锻炼方式有走路、骑自行车、跑步、爬楼梯、跳绳、太极拳和瑜伽等。

![练一练图标] **练一练**

腹式呼吸,舒缓压力

试一下这项简单的三步运动，并确保呼吸得足够深。平躺下，在肚子上放一本小书。吸气时，使这本书升起来。呼气时，使这本书沉下去（图7-1）。

还有一个可以舒缓压力的呼吸技巧。感到压力大时，深吸一口气，屏住4~5s，然后慢慢呼出（大概用6~8s完全呼出）。再深吸一口气（尽你所能吸气），屏住4~5s，再次慢慢呼出。如此反复10次，你可能就会开始感觉无比轻松了。

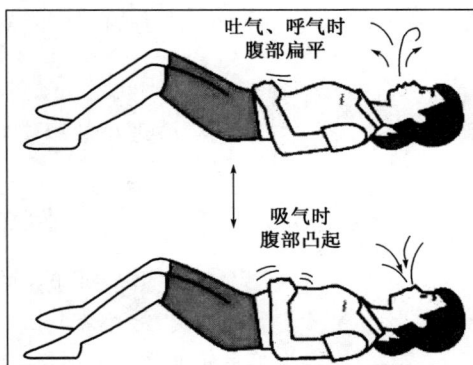

■ 图7-1

腹式呼吸演示图

（二）情绪调节

1.坦然接受

当行车人员面对压力产生不良情绪，要承认、接受自己当下的情绪状态，接受焦虑、不安、害怕的负面情绪。这是一种正常、自然的情绪状态。在实际生活中，有不少行车人员面对压力，不能认同自己产生的焦虑、害怕以及羞愧的情绪，久而久之，情绪反应和意志相左，使其变得更加焦虑，更加紧张。只有接受自己的真实状态，才能使自己变得平静，才有助于舒解压力。

2.转移注意

压力引起的情绪反应不能通过回避来摆脱。有些行车人员认为只要回避压力，拒绝谈论有压力的事情，不去想这些事情就可以摆脱压力，这是以压抑自我的方式进行自我防卫。殊不知，压抑不可能缓解压力，反而使被压抑的念头影响更大，使负面情绪变得更强烈。与其如此，不如让自己去思考或去做其他的事情，转移注意力，让任务占据头脑忙碌起来，即使当下解决不了引起压力的事情，但也不会被负面情绪持续袭扰。

3.顺其自然

行车人员在面对应激事件或挑战时都会出现紧张不安的心理反应。对压力引起的各种紧张和焦虑多采取顺其自然的态度。对任何事情，在任何场合都想保持泰然自若的态度和轻松愉快的情绪,是一种近乎荒唐的想法,这也是很多行车人员产生心理困扰的原因。正确的做法是对出现的情绪和症状保持顺其自然的态度。

4. 自我表露

面对压力,行车人员可以在心里进行自我交谈或与所信任的人进行交谈,这是非常重要的缓解压力的方法。语言能够恰当地将情绪表达出来。有很多人,尤其是男性行车人员,喜欢将所有的痛苦都埋在心里,实际上这样对身体造成的危害是很大的,越痛苦越压抑,对健康的危害也越大。

5. 活在当下

正所谓"物来顺应,未来不迎,当时不杂,既过不恋"。对过去压力事件的耿耿于怀和对未来的杞人忧天是导致不良情绪的主要原因之一,"活在当下"的理念对于避免这些不良情绪的发生很有帮助。"活在当下,做好当下"是面对压力的积极应对。

心理小故事 7-1

你知道吗?打破持续工作的紧张感

在接受一项任务的时候,人会产生一定的紧张心理,唯有完成任务,这种紧张感才会消除。在没有完成任务之前,紧张感会一直持续下去。这便是著名的齐氏效应(图 7-2),即由于工作压力过大而造成的心理上的长期紧张状态。

■ 图7-2
齐氏效应

齐氏效应源于法国心理学家齐加尼克所做过的一次非常有意义的实验——"困惑情境"实验。齐加尼克先把一批受试者分成甲乙两个组,然后让他们同时完成 20 项任务。其间,他对甲组受试者进行干预,让他们不能继续工作而没能完成任务,而让乙组顺利完成所有任务。实验结果表明,尽管每个受试者在接受任务的时候都呈现出一种紧张状态,但顺利完成任务者的紧张状态随之消失,而没完成任务者的紧张状态继续存在,他们的思绪总是被那些没能完成的工作所困扰。这就是"齐氏效应",又称"齐加尼克效应"。

随着现代科学技术的高速发展以及知识信息量的飞速增长,人们要承担的工作量和学习的知识量也相应地大大增加,工作和生活节奏越来越快,心理负荷也日益加重。

当在生活或工作中出现了紧张、焦虑的情绪反应时,要如何调适呢?

（一）坦然面对自我，接受自己当前的紧张状态。训练自己像旁观者一样，观察自己的负面情绪，面对自己的害怕，分析自己恐惧的原因，正视自己能够接受的最坏的结果，然后从容面对，做自己该做的事情。

（二）紧张、焦虑状态下，身体不受控制，可以做一些放松训练，具体做法如下：

（1）选择一个舒服的位置静静坐下。

（2）闭上眼睛。

（3）深度放松全身肌肉，从脚下开始，逐渐向上放松至脸部。保持这些部位放松。

（4）用鼻子呼吸。逐渐意识到自己的呼吸。边呼气边默默地对自己说"一"（可选择其他让你感觉放松的声音或音乐）。例如，吸气……呼，"一"，吸……呼，"一"，如此反复。

（5）持续进行 10～20min。你可以睁开眼睛看时间，但不要定闹钟。完成后，静坐几分钟，一开始要闭着眼睛，稍后再睁开。这几分钟请勿站立。

（资料来源：https：//www.jianke.com/jsbpd/3929634.html）

三、职业倦怠调适与行车安全

（一）保持积极心态，及时调整放松

行车人员可以通过缓解职业倦怠情绪、保持积极心态，及时调整放松来减少不安全行为，保证安全驾驶。通过对自己从事的岗位有一个深刻的认识，调整好自己心态，做好应对困难和压力的精神准备，做到对倦怠感的自我认识，不断积极暗示自己以调整负面情绪，提高工作稳定性，保证地铁运营的安全。在休息日，通过简单的放松训练或睡眠缓解紧张感。

（二）设定职业发展目标，培养职业大局观念

行车人员可以通过设定具体的职业发展目标，作为缓解情绪衰竭、倦怠的措施。首先应当为自己设定短期以及长期的职业规划和目标，并脚踏实地努力工作，完成短期目标，再向长期目标不断地前进。不同的阶段给予自己不同的新目标，以此为基础，始终保持应对工作的动力，保证完成工作的积极性，从而避免职业倦怠。

（三）树立积极的信念，获取更多的帮助

面对各种工作压力，不抱怨而是及时调整心态。比如学习积极的自我暗示策略，当工作压力大而产生倦怠的时候，反复提醒自己"与其痛苦地做事，不如快乐地做事"，不要总觉得自己"别无选择"，要想"快乐的开关在我自己手里"，在积极的自我暗示下，人就会由泄气、灰心变成情绪稳定信心十足，在平凡的生活中去寻找新的乐趣，成为一个热爱生活、善待自己的人。必要时还可以积极寻求来自领导、朋友、家人的帮助。通过他们的建议以及对行

车作业工作的理解来缓解心理压力,快速调整工作状态,增强职业归属感和信心,从而摆脱职业倦怠。

做一做

寻找积极的自我信念

当我们对生活、工作感到无力、倦怠的时候,应当经常给自己积极的自我信念的暗示。下面列出了一些常用的积极信念。

(1)"一次一件事,我一定能做完所有的事"。

(2)"有工作可做、有收入自足,就是快乐的,知足常乐"。

(3)"有人帮你是你的幸运,无人帮你是公正的命运,坚强起来,让自己成为可依靠的人"。

(4)"不是不可能,只是暂时没有找到办法"。

(5)"命运掌握在自己的手里,而不是别人的嘴里"。

(6)"越努力,越好运"。

(7)"成功不在于能力的大小,而在于你行动的次数"。

类似这样的积极信念相信每个人都有,和周围的人交流一下,从中选择你个人比较认同的,写在下面,并且记在心里,需要的时候记得用来鼓舞自己。

【心理测试】

乘务员工作压力、职业倦怠及安全行为调查

第一部分:本部分问卷主要是了解工作时的感受。请根据实际情况,在最符合您的一栏内打"√"(表7-3)。

工作压力调查量表　　　　　　　　　　　　　　　　　　表7-3

序号	项　目	完全不符合	不太符合	一般	比较符合	完全符合
1	我的岗位得到晋升和发展的可能性较小					
2	我觉得处分太过严格,担心被处罚					
3	我每天工作时间长,休息时间太少					
4	我的工作并不能发挥我的才能					
5	我的工作使我感到责任重大					
6	我的工作内容一成不变,较为单调					
7	我的人际关系的处理让我有点头疼					
8	我平时与领导沟通较少,较少能得到工作上的认可和表扬					
9	奖惩制度不合理,有待完善					
10	绩效考核并不能如实反映我的工作表现					

序号	项　目	完全不符合	不太符合	一般	比较符合	完全符合
11	我的工作负荷较大					
12	我觉得我的工作的付出和回报不成正比					
13	我缺少足够的培训和学习的机会来帮助我更好地完成工作					
14	我的工作需要经常处理突发事件,心理压力较大					
15	我会因为工作忙碌对家族照顾不周而使家人不满					

该部分量表主要采用了利克特(Likert)五分量表,从 1 到 5 分别代表了从"完全不符合"到"完全符合"的程度递进,所得分数越高,说明该题项代表的因素对职业倦怠影响越大。

第二部分:本部分问卷主要是描述您的职业倦怠状况。请根据实际情况,在最符合您的一栏内打"√"(表7-4)。

职业倦怠调查量表　　　　　　　　　表 7-4

序号	项　目	完全不符合	不太符合	一般	比较符合	完全符合
1	工作让我感到身心俱疲					
2	一天的工作结束后,我感觉筋疲力尽					
3	一想到早晨起床不得不去面对一天的工作时,我感觉非常累					
4	长时间工作对我来说确实压力很大					
5	工作让我有快要崩溃的感觉					
6	自从开始干这份工作起,我对工作越来越不感兴趣了					
7	我对工作不像以前那样热心了					
8	我怀疑自己所做的工作的意义					
9	我对自己所做的工作是否有贡献越来越不关心了					
10	我能有效地解决工作中出现的问题					
11	我觉得我在为地铁事业做出自己应有的贡献					
12	在我看来,我擅长于自己的工作					
13	在完成工作上的一些事情时,我感觉到非常高兴					
14	我完成了很多有价值的工作					
15	我相信自己能有效地完成各项工作					

该部分量表主要采用了利克特(Likert)五分量表,从 1 到 5 分别代表了从"从未如此"到"一直如此"的程度递进,其中,1~9 题是正向计分,10~15 题为反向计分,最后所得分数越高,说明被试的职业倦怠程度越严重。

第三部分:本部分问卷是描述您的安全行为状况。请根据实际情况,在最符合您的一栏内打"√"(表7-5)。

安全行为调查量表 表7-5

序号	项目	完全不符合	不太符合	一般	比较符合	完全符合
1	我有时会由于不熟悉《行车细则》和《技规》内容,而没有正确执行行车调度或上级命令					
2	我有时在处理异常情况时无法做出准确的判断					
3	我有时由于不熟悉行车设备的性能及车站范围内的地形、设备位置、状况而无法处理异常情况					
4	我有时为了提高效率而省略部分可有可无的执行程序					
5	我有时对于接发车时"四看、四记准"要求和交接班时"五查五准五一致""六交清"的要求没有完全做到位					
6	我有时会认为不会产生影响而无视调度或上级命令					
7	我有时会遗漏、忽略监控系统传递的部分信息					
8	我有时会在工作或值勤中玩手机或做与工作无关的事情					
9	我有时会在发布指令、与调度或上下级交接工作时出现口误					
10	我有时在办理接发车手续时会遗忘检查审核部分内容					
11	我有时在遇到突发情况后由于遗忘处理准则而犹豫不决,错过最佳处理问题的时机					
12	我有时会在接受完调度或上级指令后,遗忘部分内容而导致行动失效					

该部分量表主要采用了利克特(Likert)五分量表,从 1 到 5 分别代表了从"从未如此"到"一直如此"的程度递进,所得分数越高,说明被试的不安全行为越多。

救援人员心理训练 单元7.2

一、救援人员心理调节与训练的意义

救援人员在现场目睹一切,也有危险伴随,同样也是受害者,救援的同时也可能导致自身身心的耗竭。开展救援人员的心理调节与训练,可增强他们的心理应急能力,确保他们能在恶劣危急的情境下完成救援任务,并保障自身的安全。

在城市轨道交通行车安全事故中,救援人员在救援过程中最常见的急性应激反应为认知能力的改变,包括记忆力、注意力、决策能力和定向能力等,最常见的症状是焦虑和强迫表现。研究表明,执行任务的积极意义会对救援人员产生保护性作用,会减轻应激反应的发生;相关灾难场景对救援人员的心理冲击会产生危险性因素的作用,会加重应激反应的程度。因此,开展救援人员的心理调节与训练时,要强调救援任务的积极意义,减轻救援人员的应激反应,确保其良好的身体素质和心理素质,将行车事故带来的损失降到最低。

二、救援人员心理调节的策略

(一)强化社会支持系统

这里所说的社会支持,主要指来自组织、团队、同事、家庭成员、亲友等的支持。对救援队员来说,最重要的社会支持系统是组织关心和团队凝聚力。高水平的团队凝聚力和对领导的信任会带来乐观的情绪,提高战斗力,增加安全感。

(二)模拟实战训练和仿真演习

预防严重心理应激、提高心理应急能力最为有效的办法之一是模拟实战的严格艰苦训练和仿真演习。救援组织应探索这些训练工作的实施方法,这也是一项重要工作。

案例 7-3 地铁蔡甸线开展应急演练

"车厢内一乘客背包突然爆炸,有人因受到惊吓发生拥挤受伤,请赶快施救!"近日,在未开通的武汉地铁蔡甸线区间内,随着列车司机室紧急通话装置传来呼救,一场地铁突发事件应急处置演练拉开序幕(图7-3)。演练模拟了乘车过程中乘客携带充电宝突发"爆炸"的事件处理。短短6分钟,列车平稳驶进下一站站台,百余名"乘客"有序撤离。

■ 图7-3
地铁蔡甸线开展应急演练

2019年8月8日10:05,蔡甸线开往武汉火车站方向的地铁列车在新农站至知音站区间运行时,第三节车厢内一乘客携带的背包发生"爆炸",引发乘客恐慌,造成拥挤,导致人员受伤。

接到报告后,列车司机通过车载广播告知乘客情况并安抚乘客情绪:不要惊慌,远离爆炸区域,不要尝试打开车门,同时报告行调,确认地铁列车能够正常运行。控制中心调度员了解"爆炸"情况后,命令司机持续驾驶地铁列车至知音站后疏散乘客。与此同时,行调按照运营突发事件通报范围进行报告,命令知音站做好疏散准备,暂扣其他地铁列车进入知音站,为应急疏散地铁列车进站让道……

知音站值班站长接到命令后,立即调动车站全体人员准备好救援设备、物资。

行车值班员全站广播通知候车乘客提前出站,并将所有闸机打开;站厅工作人员按停所有手扶电梯和垂直电梯,打开专用通道;安保人员关闭出入口下行扶梯,张贴车站临时封闭公告,阻止乘客进站;安检人员停止安检,在出口拐角处等候引导疏散乘客。

2分钟后,待地铁列车驶进知音站停稳,司机及时开启站台侧门和屏蔽门,广播通知所有乘客下车;车站工作人员上车用灭火器将明火扑灭;站台、电梯、站厅、出入口处工作人员引导乘客快速离站。

10:06,当最后一名乘客撤离车站后,值班站长再次清点人员、物资,确认无乘客遗留车站,行车值班员向行调报告疏散完毕。从"充电宝爆炸"到清客完毕整个过程用时仅3分钟。

此次演练旨在进一步提高轨道交通突发事件应急处置能力,磨合多部门应急联动协调机制,及时、高效、妥善处置此类突发事件,最大限度减少灾害事故人员伤亡和财产损失,保障城市轨道交通运营安全,为即将到来的军运会提供坚实的安全保障。

(三)做好心理上的疏导

首先,要帮助救援人员冷静下来,针对不良情绪产生的原因,进行客观的剖析,找出最佳的解决方案。其次,帮助救援人员进行合理的宣泄,这也是心理调节的一种常用方法。可通过适当的途径(如唱歌、呼喊等),将压抑的不良情绪释放出来。一些重大伤亡事故后,心理专业人员会对参与救援人员进行心理辅导,并鼓励救援人员多参加合唱、运动竞技等文娱活动。应用语言暗示法、注意力转移法、冥想法、宣泄倾诉法等,来缓解因救援产生的各种心理应激反应。经过数天的宣泄调节,救援人员逐渐脱离了不良心理阴影,都可以积极健康地面对工作与生活。但需要注意的是,宣泄调节要选择合理的方式,不择方式与不顾后果的尽情倾泻,可能会火上浇油,助长不良情绪的产生,增添新的烦恼。

对于发生行车安全事故的作业人员,除了进行事故的分析、处理也要进行心理干预,由于其岗位涉及行车安全,必须要在他们恢复工作之前进行专业的心理测试,衡量他们的心理状态是否达到了上岗的要求。并且在要后续对这些人员进行长时间的心理追踪,包括不定期的心理咨询和心理测试,以防乘务员等行车人员的工作受到安全事故的心理影响。

三、救援人员心理训练的方法

(一)反应能力的训练

一般认为成年以后人的反应时间已固定下来,并随年龄增大而延长,因此关于提高反应速度的研究甚少。当然训练还是可以提高人的反应能力和速度。研究及经验都表明,通过训练可缩短反应时间。在测定简单反应时间实验中,初试者测得的数值往往较大,如0.2~0.3s(听觉),但是经过几次测试后,可减少为0.2s以内,并稳定下来。不过,这不能完全归因于反应速度的提高,其包含对测试的适应,真正的提高是多次测试所得平均反应时间的缩短。对声音的反应时间经过训练可减为150ms,有些人在大量练习后甚至能降低为100~120ms。

反应能力训练的具体方法包括:

①场地模拟训练法。训练中模拟实际作业过程中可能遇到的异常情境,对人员进行视、听、嗅、触等感知能力和行为反应能力等方面的反应能力的训练。

②实地训练法。由专门人员统一组织实施,类似于避灾防灾演习。针对某一工种具体常见的危险情境进行应急反应能力训练,这种训练针对性强、效果好。

③自我训练法。即反复熟悉操作顺序、操作动作,缩短操作时间。还可以积极参加体育活动如球类等,以培养自己的快速反应能力。

(二)感知能力的训练

人的感知能力是其他一切心理活动的基础,人主要通过感觉器官来接收环境中的各种信息。因而,感知能力的好坏,直接影响着作业人员的绩效和安全。比如对行车人员可采用以下方法进行训练:

1.对车速感知能力的训练,可采用逐级比较法

在训练过程中,训练者采用逐级加速的方法,从低速、中速到高速,体验车辆的振动感、各种操纵装置操作轻重感,反复这样练习,就能对车速做出正确的估计。

2.对交通信号、标志的感知能力的训练

司机处于模拟情境中,在驾驶模拟器周围布置交通信号、标志,让司机根据所显示的信息进行操作,对辨认或操作的结果,予以反馈,纠正不正确操作,提高正确率,并要求加快速度,以达到自动的程度。

3.注意品质的训练

可通过注意单调变化的事物来培养注意能力。譬如,可注视手表表盘上秒针移动几分钟,每天练习几次,特别是在睡觉前,因为此时大脑比较疲劳,精神难以集中,如果能在 5 分钟内不间断地注视而不走神,就可说明注意的水平较高、效果最佳。可专门设计模拟训练。训练员下达设备启动、变速、制动等口令,让受训者随时做出反应或设置各种故障现象或随机变换操作任务,训练其注意的合理分配和注意的迅速转移能力。同时,可施放一定的灯光、音响进行干扰,以提高受训者在干扰条件下的注意分配和转移的能力。

4.情绪稳定性训练

情绪不稳定而造成的事故屡见不鲜。被情绪困扰的人员对现场的各种信息危险情境的辨认和反应能力都会下降,容易形成操作失误。因此,需要采取能够提高情绪状态的自我调控能力,尤其是处变不惊的心理素质,用情绪训练的方法来提高特种作业人员应付突发事件的应激能力,使其学会运用控制心理变化的方法,调节好自己的情绪,维持情绪的稳定性。具体操作可采用如下方法:

(1)系统脱敏训练法。有系统、有步骤地摆脱敏感反应的情绪;逐步降低或消除引起紧张、急躁、恐惧与焦虑的反应。比如对引起敏感的情绪的情境,按轻重程度或高低分级,在被训者学会松弛反应技术后,带着松弛的心理状态,再由轻到重依次去接触引起敏感反应的情境,直到敏感消除。

(2)暗示训练法。训练者心中默念"我正工作,不能冲动""情绪不稳定会有危险,我必须心平气和"等套语,同时伴随均匀的呼吸,使自己全身骨肉放松,消除紧张、焦虑情绪,以保持心理平衡。

心理小贴士 7-2

克服紧张心理的放松训练

放松训练,又称"松弛训练",是一种通过训练有意识地控制自身的心理

生理活动、降低唤醒水平、改善机体紊乱功能的心理咨询与治疗方法。放松疗法是一种求助者完全可以掌握的解决紧张焦虑等情绪困扰及躯体征状的方法。

呼吸放松法包括鼻腔呼吸放松法、腹式呼吸放松法和控制呼吸放松法，具体的放松训练指导语如下：

呼吸放松——鼻腔呼吸。放松训练指导语：请你在一个舒适的位置上坐好，姿势摆正，将右手的食指和中指放在前额上，用大拇指按压住右鼻孔，好，现在用左鼻孔缓慢地轻轻吸气，再用无名指按压住左鼻孔，同时将大拇指移开打开右鼻孔，由右鼻孔缓慢地尽量彻底地将气体呼出，再用右鼻孔吸气，用大拇指按压住右鼻孔，同时打开无名指，再用左鼻孔呼气，由此作为一个循环。右鼻孔吸气，左鼻孔呼气，左鼻孔吸气，右鼻孔呼气，再来右鼻孔吸气，左鼻孔呼气，好，随着控制呼吸，你变得很放松，非常放松，你体验到了这种放松，不知你学会了没有？如此作为一个循环，我们可以同时做 5 个，以 5 个为一组，可以增加到两组或者三组。

（资料来源：https：//www.jianke.com/jsbpd/4652723.html）

行车事故心理救援 单元7.3

一、心理救援的含义

心理救援是指对处于心理危机状态的个体、家庭及群体采取的明确有效的心理救助措施。常见的心理救援包括对受到暴力或事故伤害、事业与感情受挫者进行的心理治疗、劝导与鼓励,特别是对经受重大灾难者给予的物质和精神上的帮助、安慰等。心理救援具有疏通思想、救人于危难的性质,也是人际关怀的必然体现,同时也是社会应有的责任。

心理救援在危机发生的最初阶段,首先,提供感情支持,以缓解紧张情绪;然后,根据实际情况,寻求可能的援助;进而,通过心理辅导帮助受害者分析危机情境,指导其学习新的认识方法和应付方法,有效地处理危机事件;最后,达到提高心理适应能力、重建社会生活的目标,以最终战胜困难。

因此,心理救援不是进行建议,更不是为他人做决定,而是关切的眼神、温暖的拥抱、倾听的耳朵、一杯温水、需要时递上的面巾纸、给儿童精心准备的玩具等,通过有意义的陪伴,支持受影响的人们自己迈出新的一步。

二、事故导致的身心伤害分析

事故不仅会带给人们身体上的损伤与痛苦,加重个人、家庭和社会的经济负担,同时是一种心理刺激和精神创伤,并由此可以引起一系列心理行为改变。这些变化可直接或间接影响受害者本人及其周围人们的身体健康,影响受害者的生理、心理以及社会关系,影响其正常生活,更会对事故发生后的安全生产造成不利的影响。人身事故导致的伤害分析图如图7-4所示。

一般而言,遇险者的应激心理反应,大体上可分为三个不同而又有所重叠的发展阶段:

(1)急性焦虑(惊恐)反应阶段。突发性的事件发生后,遇险者不知所措、紧张焦虑、茫然惊恐,甚至有歇斯底里发作。

(2)缓和安定阶段。遇险者可以通过取得社会性支持和自我心理防御,使焦虑情绪趋于缓和,并且开始理性地面对现实。

(3)问题解决阶段。遇险被困者克服突如其来的灾难产生的惊恐反应,将注意力指向应激源,理智地分析导致应激的原因,寻找避险逃生或直接消除危险源等解决问题的办法。然而并不是所有的遇险受困人员会使自己的心理应激反应得到解决,与危险源的强度、性质、当事者的人格特征及取得的社会性支持的质量密切相关。

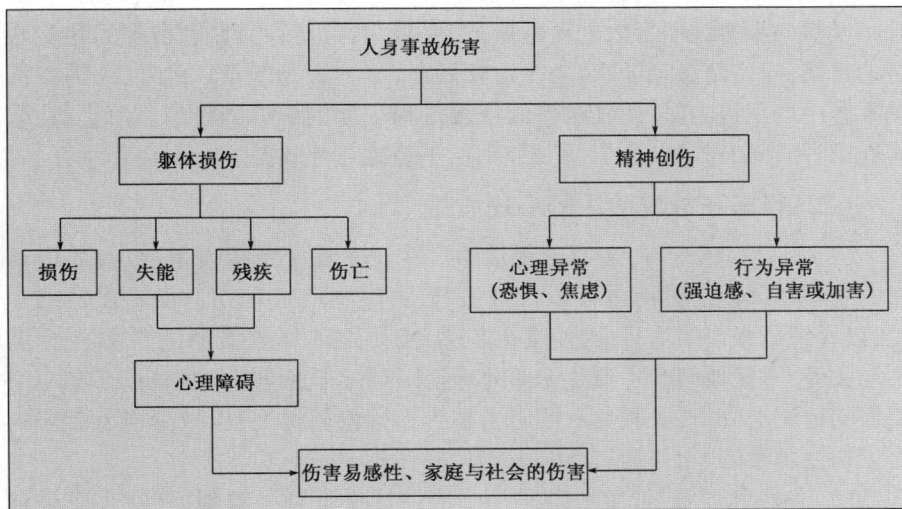

■ 图7-4
人身事故导致的伤害分析图

以上三个阶段并非都会顺序出现,如果遇险受困人员短时难以得到救援,随着被困后时间的延长,很可能心理应激反应会再次加强,自救能力迅速下降,思维也常陷入停顿,有的人会产生绝望情绪,甚至开始想象自己的亲人在失去自己后的情形。进一步发展还会使受困人员转为精神崩溃,身体生理系统支撑能力严重下降,甚至陷入衰竭而死亡。

三、行车事故心理救援策略

城市轨道交通作为人们重要的出行方式,无疑是非常安全和便捷的。随着科学技术的进步,城市轨道交通的安全性将会得到进一步的提升。但这并不妨碍做好行车安全事故发生的应急预案,包括心理救援策略的学习和掌握。行车事故心理救援包括行车事故现场心理救援和行车事故发生后的心理救援。

(一)行车事故现场心理救援

在城市轨道交通行车过程中,当出现行车伤亡事故时,在专业人员没有到达现场之前,乘务员应具备初步的现场心理救援的常识,采取积极有效的措施,将事故损失降到最低。乘务员首先要充分掌握事故信息情况,及时向行车调度员汇报的同时,通过广播及时向乘客解释发生了什么、目前采取了何种应急措施、乘务员受过专业训练可以应对目前情况等,这样可一定程度上缓解和减轻自身和乘客的恐慌心理。

　　地铁是一个相对封闭的环境,高峰时段人群密集,当行车事故发生后,列车可能会出现较长时间的停留,乘客容易产生焦急、烦躁、紧张、害怕的情绪。行车人员在处理事故的过程中,要承担对乘客进行心理疏导和救援的责任,除了及时向乘客说明事故处理进展,还要对乘客进行心理安抚,努力稳定乘客的情绪;对情绪激动的乘客,一定要耐心,尽力缓和气氛。此外,还需要调动乘客中的积极力量,使其在事故救援过程中起到积极的作用。总之,让乘客在第一时间有找到"主心骨"的感觉,平静地等待救援。

(二)行车事故发生后的心理救援

　　(1)提供情感支持,缓解紧张情绪。在行车安全事故发生后,首先应该做的是在身体创伤方面进行积极抢救与治疗;在心理创伤方面提供情感支持,以缓解紧张情绪为目标,使受害者感受到周围有人在帮助他们,感受到温情与关爱,不使他们产生孤独无助的感觉。对行车安全事故现场的了解应主要靠实地调查分析,要避免急忙向当事人直接询问情况,以减少当事者陷入对创伤性刺激的"再体验"之中。

　　(2)包容和理解,恢复心理平衡。应该让受害者了解到,有些反应是正常的创伤后应激反应,并不意味着脆弱或无能,这样或许有利于减少回避症状,恢复心理平衡。另外,创伤后心理和行为障碍的症状有长期性、慢性化的特点,如果对患者的心理障碍的康复期望过高,反而会增加他们的心理负担,影响康复。所以,在心理救援工作中努力在遇难者周围营造一种包容和理解的氛围是十分重要的一项原则。

　　(3)树立生活勇气,重建"新世界"。事故的受害者在经受严重心理创伤后,常会变得意志消沉,对生活失去兴趣。此时,应重点帮助他们重新树立生活勇气,指导其学习新的认识方法和应付方法,明确立足现实的生活目标,重建"新的世界"。

　　研究表明,心理创伤事件的强度并不是心理和行为障碍发生的决定性因素,事件发生后物质和精神支持的强度不够、生活事件和继发性不利处境等才是主要的患病因素。周围正常人群对受害者的社会心理支持会起到重要的保护作用。创伤后实施早期干预措施,进行完善、细致的物质上的照顾和感情上的支持是减少心理和行为障碍发生和提高预后效果的重要心理救援方法。

心理小贴士 7-3

创伤后应激障碍患者心理干预

　　创伤后应激障碍(PTSD)的具体干预方法繁多复杂,但总体上在运作方面是有一个大概框架的。下面以工作场所的事故导致的创伤后应激障碍(PTSD)为例,对这一框架给予简要说明。20 世纪 90 年代,美国人巴巴拉-福伊尔

（Babara-Feuer）就开发了下面这个沿用至今的模型，如图7-5所示。该图是站在企业的角度展开的。

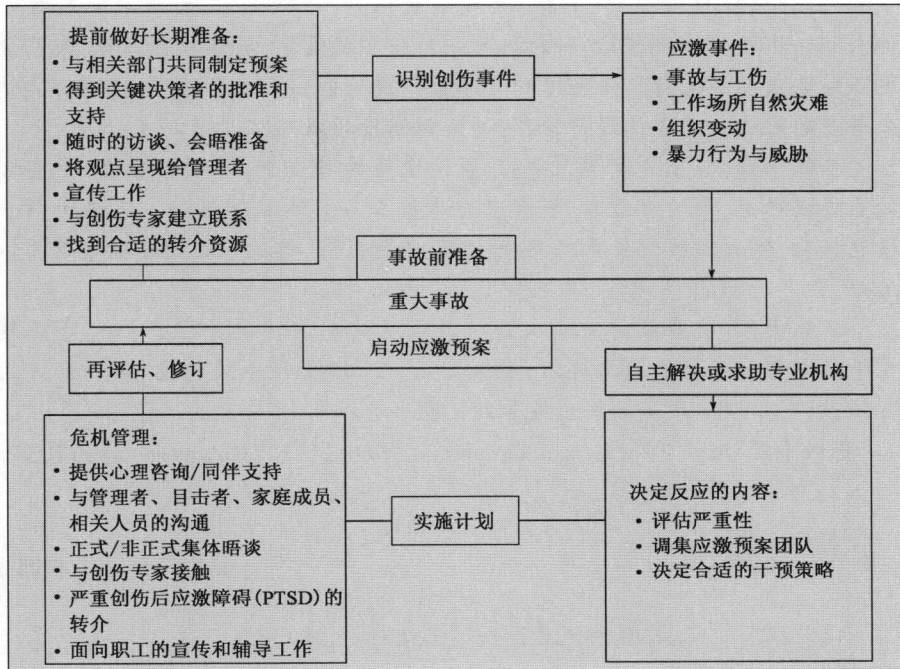

■图7-5
PTSD模型

导致创伤后应激障碍（PTSD）的事件种类包括但不局限于如下几种：

（1）安全事故与其导致的工伤。最为常见也最为严重的应激事件。严重的身体伤残会很大程度上诱发甚至恶化创伤后应激障碍（PTSD）症状，企业有必要第一时间为遭遇事故的职工提供心理干预。

（2）在作业环境中的自然灾害与其导致的工伤。这种应激事件导致的创伤后应激障碍（PTSD）程度一般，创伤反应通常伴生于因作业环境中自然灾害导致的生理伤残。

（3）工作场所的暴力行为。工作场所暴力的受害者包括在肢体上真正意义上遭到暴力的职工，也包含被"暴力威胁"的职工，比如被旅客威胁要投诉甚至殴打的客运服务人员。

（4）重大的组织与个人的人事变动。个人所在班组、单位甚至更高级别组织被重新整编、撤并或进行大规模人事调动时，也有可能诱发相关的创伤后应激障碍（PTSD）症状。

干预对象：事实上，事故创伤的心理干预对象并不局限于事故的当事人与亲历者。事故亲历者没有出现创伤后应激障碍（PTSD）症状，但是其家属、事故责任人、事故的目击者产生了有一定创伤后应激障碍（PTSD）症状的情况很常见。一次应对重大事故创伤的心理干预一般采取三级干预策略,即区分重点干预对象与非重点干预对象进行在干预强度上有所区别的心理干预。

一级干预(重点干预)对象:事故的具体亲历者/受害者,事故的直接责任人。一级干预手段包括:针对性的一对一咨询辅导,思想教育工作,某些情况下还要采取一定隐私保密工作。非常严重的创伤后应激障碍(PTSD)需转介专业的长程心理咨询进行治疗,一定时间段的跟踪心理测评。

二级干预(非重点干预)对象:事故现场的目击者,事故亲历者/受害者的主要救助者,事故亲历者/受害者与责任人各自的主管领导。二级干预手段包括:简单的心理健康状况测评,专项主题座谈,针对性的团体辅导或团体治疗。

三级干预(在事故非常重大或波及面很广时考虑的干预)对象:事故发生单位或部门的一般职工群体,职工家属。三级干预手段包括:多种形式的宣传工作,心理健康类的讲座或专题汇报。

(资料来源:https://www.zhihu.com/question/21912710/answer/19717033)

实训

请完成实训7,见本教材配套实训工作页。

课后交流

1. 行车人员如何进行自我心理保健,确保行车安全?
2. 行车人员如何进行自我调适释放职业压力?
3. 行车人员如何进行自我调适克服职业倦怠?
4. 行车事故心理救援策略有哪些?
5. 救援人员心理调节与训练的方法有哪些?

城市轨道交通行车安全心理教育与原理

◎ 学习目标

1. 了解开展行车安全心理教育的意义。
2. 掌握行车安全心理教育的策略。
3. 掌握行车安全心理教育管理的方法。

✿ 内容结构

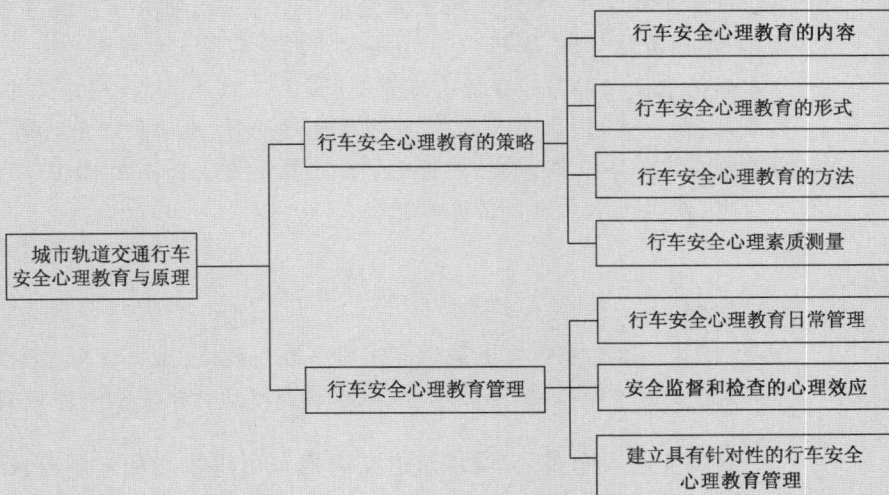

✿ 参考学时

4 学时。

案例 8-1

【"轨道先锋"系列报道】年轻的"老司机"是如何炼成的

从驾驶地铁列车第一天开始至今，宋能超已在司机岗位上安全行驶 6 万多公里，更稳、更准、更快是他不断努力的目标(图 8-1)。为确保地铁列车在正线上安全平稳运行，宋能超牢牢熟记列车的提速时间、制动力度及停车时对标的节点。就连站与站之间距离和隧道内每个道岔的位置，他都烂熟于心。

■ 图 8-1
宋能超驾驶地铁列车

司机掌控着列车的运行安全，肩负着每位乘客安全的重任，快速判断处理运行中发生的故障是一名优秀司机应具备的重要能力。2017 年 5 月 9 日，与往常一样，宋能超驾驶着列车在隧道里前行。当列车运行至望湖城上行进站前 150 米处，他发现列车车载显示屏显示"辅助逆变器小故障、牵引关闭、空调故障、列车滑行、电制动封锁"等一系列故障提醒信息。宋能超凭借丰富的驾驶经验与较强的心理素质，果断采取措施，待列车停车后关闭列车负载、断开高端、降下受电弓，将现场情况及时、准确反馈给行调，并配合行调开展应急组织工作，成功地避免了开关跳闸导致正线 0110、0112 供电区单元失电，列车进入无电区情况的发生。

(资料来源:合肥轨道交通报)

思考:

(1) 案例 8-1 中的司机是如何处理一系列故障，保障行车安全的?

(2) 如何才能行之有效地开展城市轨道交通行车安全心理教育?

我国交通运输部在《城市轨道交通列车司机技能和素质要求 第 1 部分:地铁、轻轨和单轨》(JT/T 1003.1—2015)中明确司乘人员应心理健康，具有良好的心理素质和应急反应能力。案例 8-1 中，司机宋能超正是凭借着丰富的驾驶经验和较强的心理素质，采取了果断的应急措施，处理了列车一系列故障，避免了事故的发生。因此，为保障城市轨道交通的运营顺利，行车安全心理教育工作不可忽视。

行车安全心理教育的策略　单元8.1

一、行车安全心理教育的内容

城市轨道交通企业应该在心理上对行车人员更加关心,通过安全心理教育这种人性化的管理,可以减轻行车人员的工作和生活压力,及时疏导心理健康问题,掌握调节情绪的正确方法,有利于行车人员的身心健康。

(一)安全心理常识的教育

安全心理常识教育是行车安全心理教育最基础的内容,主要包括心理健康的标准、心理过程与不安全行为的关系、个性心理与安全行车的关系、需要动机与行为规律的关系、情绪与安全行车的关系、行车人员应具备的心理品质、注意力与安全行车的关系等,使行车人员可以运用心理学知识提高行车安全的责任意识和心理素质水平,为城市轨道交通行车安全打下基础。

(二)心理素质的教育

安全心理常识是概念层面的教育,心理素质的提高则是能力层面的教育。在掌握了基础知识之后,行车人员要具备对自身心理素质认知和适应环境变化及时调整的能力。主要包括了解自己的个性心理,掌握情绪的调节方法,突发事故的应激管理,个人利益与群体利益发生冲突如何调整心态,家庭出现重大变故如何应对,身心健康的关系怎么处理等。行车人员在日常工作和生活中,会面临各种事件,只有提前达到了应对环境变化的心理素质,才能做到防患于未然,在挫折或压力来临的时候,以强大的心理状态进行应对,保证城市轨道交通的行车安全。

(三)职业适应性策略的教育

行车安全心理教育最终的目的是帮助行车人员保证行车安全,因此,还需要针对行车人员这个特殊的职业群体进行职业适应性策略的教育。包括如何帮助容易发生事故的行车人员更好地适应职业需求,如何帮助行车人员更好地适应日常行车特殊的环境,不符合行车安全的性格缺点如何改善,侥幸心理与麻痹心理对行车安全的危害,同事间人际关系紧张对安全的影响,家庭关系或经济状况出现问题对安全的影响,为什么重要节点容易发生安全事故等。通过职业适应性策略的教育,可以更好地帮助行车人员自如地应对行车作业工作,强化安全心理。

案例
8-2
跳轨等突发事件侵扰地铁司机心理

对于地铁司机所面临的心理问题,据一名老司机透露,主要包括事故心理冲击和岗位心理压力两方面。就伤亡事故来说,虽说跳轨等为小概率事件,但身边的"小伙伴们"还是有人会碰到。一般来说,发生这样的事情,对司机冲击最大的是血腥的现场画面,往往司机班组长会及时给予安抚,在了解情况后,还会让当事司机适当放假调整。而在该司机回到岗位后,班组长也会对他特别关注,一旦发现异常就予以干预。

针对司机可能存在的心理问题,上海地铁第二运营有限公司(地铁二运)2013年曾与24小时危机干预热线"希望24"进行对接,开展心理辅导活动,并开通"地铁青年司机24小时心理服务热线",为一千多位地铁司机增加"正能量",帮助他们进行日常心理调适。该热线可为地铁2号线、11号线、13号线青年司机免费提供相关强化心理资本训练和咨询服务。当司机遭遇卧轨自杀等突发事件时,热线将和地铁方面联手,对涉事司机进行有针对性的深度心理治疗,减少他们内心的痛苦指数。

地铁二运相关负责人介绍说,除了与心理干预机构进行对接,在日常工作中也积极对司机情绪进行监控。若司机家里有突发事情,比如吵架、离婚等,就不能上岗;或者上班时出现情绪低落或烦躁等,班组长将进行干预。与此同时,地铁二运设立了司机状态5色预警机制,用5种颜色对司机情况进行区分,若达到某个等级,就将采取干预措施,甚至临时停岗。此外,司机管理中有"三必访"制度:司机家中突发事情,班组长必须进行家访;乘务组长每月必须与管下司机谈心;线路主管每年必须与管下司机谈心。

(资料来源:东方网)

二、行车安全心理教育的形式

(一)常规行车安全心理教育

企业可以通过晨会、周会、培训、板报、广播、专栏等方式,加强对行车人员日常行车安全知识的传播,将行车安全心理教育常态化,将安全意识深扎行车人员头脑中,牢记安全第一的思想。例如,制作安全警示语,张贴在行车人员工作的环境中,让安全警钟时刻在头脑中敲响;定期开展行车人员安全知识竞赛和安全操作规范竞赛,可以增加行车人员对于安全知识的自觉性学习;组织安全培训,模拟事故情境,让行车人员身临其中,提高行车人员的抗压性;播放安全教育警示片,综合运用多种教育手段,从视觉、听觉多方面刺激,加深安全意识;建立心理咨询室,为心理出现问题的行车人员提供心理疏导等。

（二）重点时期行车安全心理教育

重点时期主要指容易发生安全事故的特殊时期,如节假日前后是安全事故的多发期,节假日前想着快要放假,容易放松警惕,管理和检查等部门也会有懈怠;节假日后心思还没有回来,生活节律没有及时调整,容易产生疲惫、做事不专心等情况。另一个重点时期是刚经历过安全检查之后,长期的紧张过后必然是松懈,这是正常的生理节律反应,所以,这个时期需要格外地注意行车人员的心理状态,加强安全心理警示教育,强调安全的重要性,避免因放松懈怠而发生安全事故。

（三）重点人员行车安全心理教育

重点人员主要指三类人。第一类是刚入职的行车人员,大量统计资料表明,刚入职的行车人员最容易发生安全事故,这是由于他们缺乏工作经验,对于安全生产的认识比较肤浅,重安全技术,轻安全意识,因此在岗前培训中加入系统的安全心理教育,格外有必要。第二类容易发生安全事故的是行车人员,由于心理状态受到个性心理的影响,性格粗心大意、马马虎虎的行车人员更容易产生安全事故,对于这一类行车人员,要着重他们的安全心理教育。第三类是刚经历安全事故的行车人员,这一类行车人员有可能产生创伤后应激障碍,对于行车作业工作产生畏惧或恐慌,因此,要及时派专业人员对他们进行心理疏导和追踪,缓解心理压力。案例8-3中地铁运营企业对调度员具有严格的培训和考核制度,尤其是对新入职的调度员,必须要完成一定的培训目标并考核通过才能持证上岗。

> **案例 8-3**
> **探秘地铁运营"神经中枢":调度员每周考试末位淘汰**

截至2021年12月,武汉运营11条地铁线路,每天开行列车数千趟。列车间隔多少时间、每个站停留多久、意外事件如何处置……指挥运营的所有指令,都由"神经中枢"——轨道交通线网控制中心的调度员发出。2日,记者走进位于硚口路的地铁线网控制中心,揭秘行车调度员的工作状态。

记者在调度大厅看到,10余名调度员紧盯着各自的电脑屏幕或监控大屏(图8-2)。硕大的屏幕墙上彩光不断闪烁、移动,1号线、2号线、机场线共60座车站的各类数据、图像全在屏幕上。"越是节假日,我们地铁人就越忙碌。刚刚过去的五一小长假,2号线客流增长明显,

■ 图8-2
调度现场

日均超过百万人次,最短行车间隔只有 3 分多钟。这就要求我们每名调度员要全神贯注。"杨磊说。

武汉地铁运营有限公司规定,选拔新的调度员应接受不少于 6 个月的理论和实际工作培训,其中实际工作培训时间不得少于 800 个小时。其间还要接受各种实操、演练培训,每个星期要进行一次考试,并实行末位淘汰制。培训期满,要通过持证上岗考核,合格者方准独立上岗。

(资料来源:新浪网)

三、行车安全心理教育的方法

(一)职业适应性测试

职业适应性是指人在从事某项工作时,必须具备相关的生理和心理特质。与职业相关的心理特质主要是指个性心理,如能力、气质、性格等。对于行车人员,职业适应性测试最主要的一点就是安全无事故倾向。为了保证行车安全,从预防的角度,我们应该及时测试行车人员相适应的心理素质,选择心理素质可以匹配的行车人员上岗。2013 年国家发布的《城市轨道交通运营管理规范》(GB/T 30012—2013)第 10.2 条,明确提出了列车司机应定期进行心理测试,对不符合要求的列车司机,运营单位应及时调整;例如列车司机脱离驾驶岗位 6 个月以上或发生过事故的,应进行身体检查和心理测试,并重新进行上岗考试。

行车人员的职业适应性测试应该包括快速反应能力、观察判断推理能力、空间知觉能力、注意力、应急处理能力、抗压能力、情绪稳定性,以及性格、气质、态度等方面的测验。

职业适应性测试对象分为新入职行车人员和在职行车人员两类。对新入职人员进行职业适应性测试,可以帮助企业筛选出具有匹配行车人员心理特质的员工,如动作敏捷性好、观察力强、注意力集中、重视安全、责任心强、认真踏实、细心谨慎、抗压能力强等。对在职行车人员进行职业适应性测试,要实时掌握他们的心理状况,尤其是对发生过行车事故或者家庭突遇变故的行车人员,更要格外关注他们的心理状况。对于在职业适应性测试中发现不适合继续从事行车工作的人员,要进行专业人员的心理辅导,或者先调整到非主要工作的岗位上,之后再进行追踪指导。

心理小贴士 8-1

霍兰德职业兴趣理论

约翰·霍兰德是美国著名的职业指导专家。他于 1959 年提出了具有广泛社会影响的职业兴趣理论(图 8-3)。他认为人的人格类型、兴趣与职业密切相关。他主张人格可分为现实型、研究型、艺术型、社会型、企业型和常规型六种类型。

1.社会型

共同特征：喜欢与人交往、不断结交新的朋友、善言谈、愿意教导别人。关心社会问题、渴望发挥自己的社会作用。寻求广泛的人际关系，比较看重社会义务和社会道德。典型职业：教育工作者（教师、教育行政人员），社会工作者（咨询人员、公关人员）。

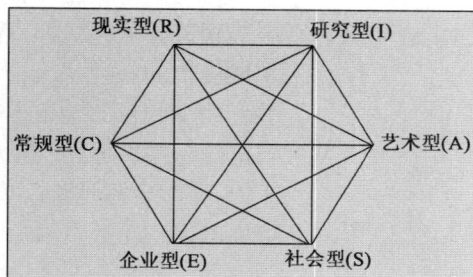
■ 图8-3
霍兰德职业兴趣理论

2.企业型

共同特征：追求权力、权威和物质财富，具有领导才能。喜欢竞争、敢冒风险、有野心、有抱负。为人务实，习惯以利益得失、权利、地位、金钱等来衡量做事的价值，做事有较强的目的性。典型职业：项目经理、销售人员、营销管理人员、政府官员、企业领导、法官、律师。

3.常规型

共同特征：尊重权威和规章制度，喜欢按计划办事，细心、有条理，习惯接受他人的指挥和领导，自己不谋求领导职务。喜欢关注实际和细节情况，通常较为谨慎和保守，缺乏创造性，不喜欢冒险和竞争，富有自我牺牲精神。典型职业：秘书、办公室人员、记事员、会计、行政助理、图书馆管理员、出纳员、打字员、投资分析员。

4.现实型

共同特征：愿意使用工具从事操作性工作，动手能力强，做事手脚灵活，动作协调。偏好于具体任务，不善言辞，做事保守，较为谦虚。缺乏社交能力，通常喜欢独立做事。典型职业：技术性职业（计算机硬件人员、摄影师、制图员、机械装配工），技能性职业（木匠、厨师、技工、修理工、农民、一般劳动者）。

5.研究型

共同特征：思想家而非实干家，抽象思维能力强，求知欲强，肯动脑，善思考，不愿动手。喜欢独立和富有创造性的工作。知识渊博，有学识才能，不善于领导他人。考虑问题理性，做事喜欢精确，喜欢逻辑分析和推理，不断探讨未知的领域。典型职业：科学研究人员、教师、工程师、电脑编程人员、医生、系统分析员。

6.艺术型

共同特征：有创造力，乐于创造新颖、与众不同的成果，渴望表现自己的个性、实现自身的价值。做事理想化，追求完美，不切实际。具有一定的艺术才能和个性。善于表达，怀旧，心态较为复杂。典型职业：艺术方面（演员、导演、艺术设计师、雕刻家、建筑师、摄影家、广告制作人），音乐方面（歌唱家、作曲家、乐队指挥），文学方面（小说家、诗人、剧作家）。

（资料来源：百度百科）

(二)建立行车安全心理教育档案

为行车人员建立行车安全心理教育档案,是指运用心理学、管理学、统计学等相关方法,通过心理测验、问卷调查、员工谈话、心理辅导等方式动态地掌握员工的心理状况,并进行信息的收集、整理、分析、存档。建立安全心理教育档案的目的是根据每个行车人员档案中记载的心理状况,分析查找心理问题的深层次原因,有针对性地开展安全心理教育活动,疏导行车人员心理压力,科学合理地统筹安排工作,既能为城市轨道交通安全行车保驾护航,也可以确保行车人员身心健康,体现企业对员工的人文关怀,有效促进企业和谐发展。如案例8-4中宁波轨道交通通过开展心理培养项目,为每位行车人员建立了心理健康档案,可以实时追踪行车人员心理健康状况。

行车人员的安全心理教育档案应该包括一般健康状况(视听力情况、既往病史、饮酒和吸烟情况)、心理状况(气质类型、性格特点、兴趣爱好、认知能力、应激能力、心理需求、工作满意度)、安全状况(安全知识考核成绩、违章情况、发生事故或防止事故情况、安全奖惩情况)、时间分配(工作时间、备班时间、通勤时间、睡眠时间)、工作表现(作业量、工作业绩、奖惩情况)、工作环境(温度、湿度、噪声、照明)、生活事件(家庭情况、经济情况、居住情况、人际关系、休假情况)、心理测验和职业适应性测试结果、心理预测和对策、心理干预过程和结果等。

案例 8-4

宁波在全国首创地铁司机健康心理培养项目

■ 图8-4
朱泽瑜在做标准化动作

宁波轨道交通2号线车队队长朱泽瑜是土生土长的宁波人,今年27岁,开地铁已有5年(图8-4)。朱泽瑜自嘲说,当地铁司机,需要耐得住寂寞。以2号线一期工程来说,全线20个车站,只有5个是高架站。难得见到蓝天白云,看得最多的就是黑漆漆的隧道。缺少自然场景,需要时刻留意的是行调人员的指令,随时关注的是乘客和列车。

朱泽瑜每天工作的地方,就是两平方米左右的司机室,除了各种仪表盘、对讲机外,只能自己跟自己对话。"工作的时候只能看到线路和路灯,甚至常常分不清白天和黑夜。"

在心理专家看来,这种长期在阴暗条件下工作容易形成"静态压力",即"程式化的操作"和"时间紧凑性"共同作用所造成的个体内部的心理张力及其造成的疲劳感和焦虑。相比之下,这类人比一般人更容易压抑和郁闷,脾气大、性子急,说话和做事"心急火燎",而且容易对外界事物失去兴趣,情绪低落、缺乏激情。

从 2017 年 9 月份开始,宁波地铁和宁波市人才培训中心合作,开展电客车司机职业健康心理培养项目。它能够对地铁司机开展心理辅导,为每位司机建立心理健康档案,追踪他们的心理健康状况,为他们打造一个有科学管理的"心灵港湾"。

2018 年 6 月 21 日,位于鼓楼站的电客车司机"知心吧"揭牌。现场设置涂鸦墙、书报栏、音乐吧等,布置温馨。在这里,地铁司机可以在按摩椅上放松放松,可以玩飞镖,或者坐下来和同事下棋等。这样"基于评估的员工心理健康管理体系"项目在全国还是首创。

（资料来源:搜狐新闻网）

（三）组织心理咨询和团体辅导

通过职业适应性测试和心理档案,了解行车人员的心理状况,对于存在心理问题的人员,要进行及时的心理疏导,以免心理问题变成行车安全事故的诱因,通过开展个体心理咨询和团体心理辅导,可以帮助行车人员释放压力,调节情绪,解决心理问题,从而保证行车安全。

个体心理咨询的对象主要针对四类行车人员,一类是心理测验中测出具有心理问题的人员,如测验结果显示情绪不稳定、注意力不集中、抗压能力差等;第二类是正在经历重大生活事件的人员,如亲人去世、家庭关系破裂、个人经济危机、亲子关系恶化、子女高考等;第三类是刚经历突发事故的人员,如列车故障、乘客跳轨等;第四类是个人身体状况导致心理问题的人员,如睡眠障碍、酒精成瘾等。个体心理咨询的内容主要根据行车人员的心理需求进行调整,包括发展心理咨询、社会心理咨询、安全心理咨询等。

团体辅导是指以行车作业团体为对象,通过丰富多彩的活动形式,引导成员间开展互动,在活动中观察、学习、体会、感悟,激发人的潜力,提高行车安全的心理素质。行车人员面临同样的工作环境和工作压力,更易产生相同的心理问题,团体辅导的优势在于同时开展多人活动,安全心理教育效率更高。团队辅导的内容可以是自我探索、人际互动、团队协作、潜能开发、价值选择、社会责任等。

（四）满足合理心理需要

马斯洛的需要层次理论认为,人有五种最基本的需要,从低到高分别是生理需要、安全需要、归属与爱的需要、尊重需要和自我实现的需要。当行车人员的心理需要无法得到满足的时候,就有可能影响正常的心理状况,产生心理问题,引发行车安全事故。因此,企业首先通过心理档案找到行车人员的心理需要,之后进行分析,满足合理的心理需要,帮助行车人员解决后顾之忧。

针对生理需要,企业应该考虑人正常的生理节律,保证行车人员足够的休息时间,改善工作环境,改善福利待遇,如案例 8-5 中照明采用柔和光线、增加阔景图、增加清扫频次都是在满足行车人员的生理需要;针对安全需要,企业可以完善安全规章制度,增加职业保障,提高行车人员的安全感;针对归属与爱的需要,企业应该关心行车人员的人际关系和婚恋需求,多开展文娱活动和企业间的联谊活动,为行车人员提供更多的社交机会;针对尊重需要,企业可以多开展优秀评比活动,公开奖励和表扬无安全事故的行车人员,为他们颁发荣誉,鼓励其他行车人员向他们学习;针对自我实现的需要,企业可以给有特长的行车人员表现展示的机会,完善行车人员的晋升制度,案例8-5中的员工帮助计划会在行车人员职业发展关键时期,提供专业指导,就是帮助行车人员满足自我实现的需要。

案例 8-5　EAP细心守护员工心理健康

牛琦丽是苏州市轨道交通集团有限公司运营一分公司EAP专员,她的日常工作就是运用心理学的方法为员工提供心理方面的专业服务。

"EAP,直译成中文,意思是员工帮助计划。"牛琦丽说道。苏州市轨道交通集团有限公司运营一分公司的员工普遍年纪较轻,他们遇到的主要心理问题是工作初期的不适应,面临着从学生角色向工作角色的转换所带来的困惑。在他们慢慢适应角色转换后,还会迎来人生的新阶段,比如结婚、生子,或者职业发展的选择等,也会产生不一样的困扰。EAP项目则是通过专业人员的诊断,提供专业指导、培训和咨询,以解决员工的各种心理和行为问题,从而提高员工的工作绩效和幸福感。

电客车司机是保障地铁安全优质运营的重点岗位,在EAP项目中也是重点关注对象。2016年,牛琦丽跟同事们一起对一线员工办公环境进行调研,发现可以从物理环境入手,减轻员工心理压力。根据她的建议,广济南路换乘室、木渎站司机就餐室等处被重新布置一番,照明采用更为柔和的光线,室内增加了阔景图,通过改变视觉效果来帮助司机放松心情。同时,安排保洁人员增加清扫频次,提高了环境的舒适度。在乐桥站的员工办公区,还专门设置了EAP减压室,通过专业的心理减压设备,让员工在工作之余放松身心。地铁1号线天平车辆段、4号线松陵车辆段也都设置了专业的心理沙盘设备,为员工提供专业的EAP服务。

(资料来源:苏州新闻网)

(五)开展全方位安全心理教育

行车安全心理教育不能只依靠特定的心理手段开展,还应该注意全方位、全过程,要利用多种方式,抓住各种契机,多环节、多部门协作开展,才能让行车人员真正把安全责任内化于心,外化于行动。平时可以不定期开展安全心理讲座,请心理专家进行专业讲解,还可以请无安全事故的模范行车人员进行现身说法,加深行车人员对安全心理的认识,增加行车人员行车安全的情感体验;还可以利用横幅、标志、警示牌、广播等方式进行安全口号的宣传,不断强化行车人员的安全意识;组织技术部门与行车人员开展座谈活动,了解行车人员的安全问题,使行车期间更适应作业人员的操作习惯;节前节后等重大节点,加强安全规章制度学习和考试,温故而知新。

四、行车安全心理素质测量

心理素质是先天遗传和后天环境影响下,逐步形成的性格品质和心理能力的综合体现,包括良好的个性、较强的适应能力、情绪管理能力、积极乐观的心态、自信心、意志力、忍耐力等。一个人的心理素质对工作表现有很大影响,好的心理素质会带来高效率、高质量的工作表现。

(一)测量内容和方法

1. 测量内容

(1)能力测评

主要包括智力测验、注意力测验、记忆力测验、反应速度测验、深度知觉测验、动作稳定测验、职业适应性测验、人际交往能力测验等。

(2)情绪测评

主要包括情绪稳定性测验、情绪紧张度测验、自我控制能力测验等。

(3)个性测评

主要包括人格测验、气质测验、性格测验、自尊测验等。

(4)心理健康测验

主要包括睡眠质量测验、压力应对方式测验、心理健康症状自评测验、生活满意度测验、生活事件测验、心理承受能力测验等。

测一测

生活满意度测验

以下有5种说法,请根据下列打分标准,以及自己的实际感受,将正确的数字编号填写在各项前面的横线上。请确保你的答案真实可靠。

非常同意	同意	基本同意	中立	基本不同意	不同意	强烈反对
7	6	5	4	3	2	1

_____大多数情况下,我的生活接近理想状态。

_____我的生活状态很好。

_____我对自己的生活感到满意。

_____到目前为止,我已经得到了我认为生活中最重要的事物。

_____如果我可以再活一次,我不想改变任何事情。

现在请计算上述 5 项的总分_____,结果说明:

A.31~35 非常满意:你认为你的生活很好,对周围的一切都很满意——学习、休闲、人际关系,以及健康状况都很好。你并不认为自己的生活是完美的,但是已经感到非常满意了。

B.26~30 满意:你对生活很满意,但是仍希望在某方面取得进步。你经常感到快乐,并对自己的生活很满意。

C.21~25 基本满意:你感觉自己的生活较好,不过还希望在某些领域取得进步。你生活中的某些方面需要改善,或者大多数方面较好,但目前还没有达到自己期望的水平。

D.20 中等:介于满意与不满意之间。你的生活中有好有坏,好的事情和需要改善的事情数量基本相当。事情并不糟,但也没有期望的那样好。

E.15~19 基本不满意:如果你的生活满意度近来由于某些糟糕事件而下降,那么这个分数不具有代表性。然而,如果你的分数始终在这个较低的范围之内,那么你应该寻找原因并采取措施,提高你的生活满意度。或许,你的生活中存在着令你不快但又无法改变的事情,何不尝试着改变自己的期望值。如果你的生活正在慢慢改善,并且你对未来充满了信心,那么不用过分担心。

F.10~14 不满意:生活满意度如此之低,你应该考虑如何改善这种状况,必要时可以寻求心理咨询师的帮助。或许你正在经历暂时的糟糕事件,不用过分担心,如此低的分数只是表明你需要尽快改善生活中的某些方面。

G.5~9 极不满意:或许,近来某些非常糟糕的事情影响了你当前的生活满意度。然而,如果你的生活满意度在一段时间内始终介于此范围,那么你需要改变生活中的某些方面,或者需要通过他人的帮助(包括专家)改善这种情形。许多事情或许是完全错误的,你需要尽一切努力扭转自己的生活局面。

(资料来源:心理学空间)

2.测量方法

心理测量多采用标准化量表方式进行,量表必须具备一定的信效度。信度是指对同一测评对象的反复测评结果的一致性,效度是指能够测评出测量内容的准确程度。

心理测量的实施者应该由受过专业训练的人员担任,熟悉测量过程,有测量经验,清晰地说明指导语,告知受测者测验的意义,以及测验结果会保密,尽量保证受测者真实作答。在测量过程中,要避免给受测者暗示,影响测量的结果。

心理测量可以帮助行车人员了解自己的心理状况,但是对于心理测量的结果要辩证看待,不能单纯依据结果做出结论,要结合行车人员工作中的实际表现综合判断。

(二)一般心理特征测试问卷

一般心理特征指的是心理活动时经常表现出的稳定的特点,主要指的是能力、气质、性格等个性心理。

能力测试分为一般能力倾向和特殊能力倾向量表。一般能力倾向主要是个人认知发展总水平的综合衡量,包括智力、语言能力、数理能力、书写能力、空间判断力、形象知觉、运动协调、手指灵活程度、手腕灵巧度等。普遍用到的量表有韦氏智力量表、瑞文推理测验、一般能力倾向成套测试。特殊能力倾向主要是在某一特殊领域活动中表现出来的能力倾向,评估从事某种职业或活动的潜在能力,比如有的人擅长音乐、有的人擅长美术、有的人擅长运动等。普遍用到的量表有机械能力测验、音乐能力测验、美术能力测验、心理运动能力测验等。行车人员的能力测试可以综合一般能力倾向和特殊能力倾向中的机械能力测验。

气质和性格测试一般综合进行分析,主要采用人格量表,测试个体具有倾向性的、本质的、比较稳定的心理特征。使用较为广泛的有艾森克人格问卷、明尼苏达多相人格调查表、加利福尼亚人格调查表、卡特尔16种人格因素问卷、爱德华个人爱好量表、"大五"人格表等。管理者可以通过不同的人格问卷分析行车人员的气质和性格特征。

测一测

情绪紧张度测试

下面有29道题目,请用"是"或"否"作答。

1. 常常无缘无故地觉得心慌意乱、坐立不安。　　　　　　　　　　是　否
2. 临睡前仍在思虑各种问题,不能安寝,即使睡着也容易惊醒。是　否
3. 胃肠功能紊乱,经常腹泻。　　　　　　　　　　　　　　　　　是　否
4. 容易做噩梦,陷入惊恐之中,一到晚上就倦怠无力,焦虑烦躁。是　否
5. 一有不称心的事情,便郁郁寡欢、沉默少言。　　　　　　　　是　否
6. 早晨刚起床,就有倦怠感,头昏脑涨,浑身无力,爱静怕动,情绪消沉。

　　　　　　　　　　　　　　　　　　　　　　　　　　　　　　是　否
7. 经常没有食欲,吃东西没有味道。　　　　　　　　　　　　　是　否
8. 微量运动后就会出现心跳加速、胸闷气急。　　　　　　　　　是　否
9. 不管在哪儿,都感到有许多事情不称心,暗自烦躁。　　　　　是　否
10. 一时不能得到某样东西,就会感到心中十分难受。　　　　　是　否
11. 偶尔做一点轻便工作,就会感到疲劳。　　　　　　　　　　是　否
12. 出门做事的时候,总觉得精力不济、有气无力。　　　　　　是　否
13. 当着家人的面,稍有不如意,就会勃然大怒、失去理智。　　是　否

14. 任何一件小事,都会在脑海里萦回、整天思索。　　　　是　否

15. 无法集中精力做好目前所从事的工作。　　　　　　　是　否

16. 玩游戏容易过量,一发不可收拾。　　　　　　　　　是　否

17. 对别人患病非常关心,到处打听,唯恐自己也身患同样的病。　是　否

18. 看到别人的成功或获得荣誉常会嫉妒,甚至怀恨在心。　是　否

19. 置身繁杂的环境时,容易思维混乱、行为失序。　　　　是　否

20. 左邻右舍发出的噪声会使你感到焦躁发慌、心悸出汗。　是　否

21. 明知是愚不可及的事情,却非做不可,事后又感到懊悔。　是　否

22. 即使是休闲读物也看不进去,甚至连中心思想也搞不清楚。　是　否

23. 一有空就整天打游戏,混一天是一天。　　　　　　　是　否

24. 经常和朋友或家人甚至陌生人发生争吵。　　　　　　是　否

25. 经常感到胸闷,有缺氧的感觉。　　　　　　　　　　是　否

26. 每每想起往事,就追悔莫及,有负疚感。　　　　　　是　否

27. 做事说话都急不可待、言辞激烈。　　　　　　　　　是　否

28. 遇到突发事件就失去信心,显得焦虑紧张。　　　　　是　否

29. 性格倔强固执,脾气急躁,不太合群。　　　　　　　是　否

结果说明:

如果回答"是"的题目在 9 道及以下,属于正常范围。

如果回答"是"的题目在 10～19 道之间,属于轻度紧张。

如果回答"是"的题目在 20～24 道之间,属于中度紧张。

如果回答"是"的题目在 25 道及以上,属于重度紧张。

对于轻度紧张的人,可以采取保护性措施,如阅读、书法、绘画、养花、钓鱼等进行自我调节,松弛紧张状态。积极参与体育或文娱活动也可缓解紧张,消除疲劳。对于中度、重度紧张的人,在自我调节无效的情况下,要寻求专业人士的帮助,如心理咨询、心理治疗等。

(三)事故倾向性测验

事故倾向性理论认为,事故与人的个性有关。某些人由于具有某些个性特征,在相同的客观条件下,比其他人更易发生安全事故,这些人即具有事故倾向性。具有事故倾向性的人属于少数人群,管理者应该在进行行车人员选拔的时候,通过事故倾向性测验,筛选出这部分人,将他们安排在事故发生率极小的岗位上,可以降低事故的发生。

持有事故倾向性理论的心理学家认为,反抗和攻击性、轻率、敌对、不守时间、厌恶社交等属于事故倾向性的特质。另外,事故倾向性主要在个性与环境的交互影响中发生,即某个人在某一段时间比其他人更容易发生事故。因此,对于刚刚发生安全事故或者家庭面临重大危机的行车人员,管理者也应该适时地对他们进行事故倾向性测验,如果结果显示事故倾向性较强,可以先把他们调离到其他工作岗位。

行车安全心理教育管理 单元8.2

一、行车安全心理教育日常管理

(一) 建立良好人际关系

作为行车安全心理教育的管理人员,要想达到好的教育效果,首先,需要与行车人员建立良好的人际关系。因为心理教育的特殊性,关注的是人的内心世界,只有与行车人员建立了良好的人际关系,才能真正走进他们的内心,了解他们的内心需求,帮助他们解决心理问题,提升他们的心理素质。相反,如果心理教育的管理人员高高在上,始终与行车人员之间保持距离,就无法了解行车人员的心理状态,更不能进行后续的心理教育工作。

另外,行车人员也有建立良好人际关系的需求。从人社会属性的角度,按照马斯洛的需要层次理论,人有归属与爱的需要,以及尊重的需要,这两种需要都必须通过社会交往获得。良好的人际关系可以帮助这两种需要得到满足,从而使人获得安全感与归属感。如乘务员平时工作环境是狭小的车厢,与人交往接触的机会较少,因此,乘务员社会交往的需求会更加强烈;如行车调度人员长期对着线路图,时刻关注线上的动态,与其他人的交流亦是甚少,他们的社交需求同样非常强烈。从城市轨道交通行车人员工作性质的角度,在行车的过程中乘务员与行车调度员需要随时进行沟通,良好的人际关系可以帮助他们掌握有效的沟通技巧,使两者的沟通更加顺畅。

心理小贴士 8-2

建立良好的人际关系

(1)真实:待人真实,使你变得独一无二。你就是你自己,不要去刻意做作地装出其他一副样子。建立人际关系的前提条件是信任。而信任的最本质的基础,是相信某人表里如一,是一个真实的人。

(2)对别人感兴趣(而不只是让别人对自己感兴趣):当你表示出对别人的兴趣,希望进一步了解他,不是出于可怕的好奇心,而是为了更好地提供帮助或服务,那对方就会很感激,觉得很荣幸。

（3）正确倾听以获取更多信息：当你对人们产生兴趣，他们就会提供你可以用来创造价值的重要信息。比如，如果你了解到老板痛恨冗长的备忘录，那你就知道可以用简短的报告打动他，赢得他的好感。

（4）诚实：言必信，行必果。换句话说，不要承诺你做不到的事情；不要让别人对你产生不切实际、无法满足的期望；不要随口应承、大包大揽。

（5）乐于助人：小事情可以造成大改变，许多小事情累积起来，就可以形成天翻地覆的改变。不要忘记保持友善——别人不会忘记你。

（6）体谅：当你能体谅并理解他们的感受时，才能真正设身处地为他们着想。被别人理解是人类最强烈的需求之一。

（7）守时：关心他人，给他们时间，这是一份最珍贵的礼物。通过守时、高效、迅捷的行为，节省他人的时间，会创造价值，变平庸为杰出。

（资料来源：褪墨网）

（二）及时掌握思想状况

随着生活事件的发生，心理状态也在不断变化、发展，这就要求心理教育的管理者在对行车人员进行行车安全心理教育的过程中，要及时掌握行车人员的思想状况，并针对他们的心理变化及时调整心理教育策略。行车安全管理人员可以建立行车人员思想动态管理机制，定期了解作业人员对于工作强度、工作环境、企业文化、工资待遇、生活福利等方面的需求和建议，每月将掌握到的思想情况汇总并上报管理部门。心理教育的管理者针对情况提出解决方案，并给出反馈意见，之后心理教育的管理者落实跟踪解决情况，进行下一轮行车人员思想状况的了解。

在一些容易引起行车人员产生思想动荡的关键节点，心理教育的管理者要格外关注他们的心理状况。例如，企业人事变动或涉及行车人员自身利益的重大改革措施出台的时候，企业发生安全事故或造成不良社会影响的时候，国内外城市轨道交通行业变革或重大事故的时候，要尤其关注这些不安定因素对行车人员造成的心理影响。掌握思想状况的方式多种多样，可以通过座谈会、心理咨询采取面对面的沟通，也可以通过意见箱、邮箱等方式采取匿名的沟通。及时掌握行车人员思想动态最大的好处就是可以将思想问题解决在萌芽之中。

（三）关注个人生活的影响

当行车人员面临生活重大变化，尤其是负面生活事件发生的时候，如失恋、离婚、亲人去世、自己或家人重病及突发意外、经济困难等，必然会影响到行车人员的心理状况，进而影响工作状态。所以，关注行车人员私生活对工作的影响，帮助行车人员尽快回归正常的工作状态，也是心理教育管理者一项重要的工作内容。

心理教育管理者首先要主动了解、关心行车人员的生活情况，询问他们是否希望其他同事知道目前的情形,体现对行车人员的人性关怀和尊重。接下来要与员工上级管理部门进行沟通,拟定应急解决方案,如适当减少工作量、调整工作时间、利用企业的福利措施帮助有困难的行车人员。经过一段时间的调整,心理教育管理者要主动再与有困难的行车人员进行沟通,帮助其找出恢复工作常态的办法,达到员工个人需求与企业运营需求的平衡。

案例 8-6　"向阳花"在地铁职工中绽放

2016年3月29日、30日,北京市总工会专项资金购买的"向阳花行动——关爱地铁司机心理健康"援助项目在北京市地铁运营有限公司运营三分公司举办(图8-5)。据了解,此次"向阳花行动——关爱地铁司机心理健康"援助项目,旨在使地铁职工能正确面对工作和生活中的困难,用最恰当的方式,最有效的办法,减轻自己的精神压力,形成良好的健康心理,为单位发展贡献自己的力量,为建设安全、和谐、文明的首都做出自己最大的贡献。

近年来,心理疾病已经成为又一个影响人们健康的杀手,尤其高发于劳动强度大、条件差、精神紧张的工作岗位。地铁司机工作的环境是相当特殊的,他们每天都要在地洞里驾驶现代交通工具,相比其他类似工作人员更容易面临工作压力和倦怠情绪。通过连续两天四场次的心理专家讲解、心理测评、心理咨询及实践操作等关爱地铁司机心理健康援助活动,地铁职工不仅体验到了心理学的奇妙,也认识到了心理健康的重要性,并初步掌握了一些科学控制情绪、管理压力的方法。

■ 图8-5
"向阳花"活动现场

培训结束后,很多职工表示将把这些方法运用在今后的工作生活中,以更加积极、阳光的心态去面对工作和生活。

(资料来源:搜狐新闻网)

二、安全监督和检查的心理效应

心理效应是指社会生活中常见的心理现象及规律。所有的心理效应都有积极和消极的作用,在进行行车安全监督和检查的过程中也会出现心理效应,我们要对这些心理效应有所了解和掌握,控制消极的一面,利用积极的一面,更好地让心理效应为行车安全心理教育工作服务。

(一)首因效应

首因效应,又称第一印象,指的是社会交往的过程中初次给对方留下的印象会影响之后的评价,即"先入为主"带来的影响。心理学家研究发现,初次见面的45秒之内就会形成第一印象。

　　首因效应的优点是可以通过衣着打扮、谈吐举止快速给人留下好的印象。例如心理教育的管理者在进行安全监督和检查时,通过职业化的穿着,规范化的言行,快速地给行车人员留下专业的好印象。再比如,在对新入职的行车人员进行安全检查的时候,要格外细致谨慎,不能有一点马虎,让他们在头脑中形成严谨的安全态度和安全意识。

　　首因效应的缺点是具有不稳定性和误导性,第一印象有可能是错误的,只根据第一印象来评价一个人难免失之偏颇。首因效应往往以貌取人,将外表和内在相联系,得出错误的判断。例如,安全检查的人员在看到一个衣着干净整洁的行车人员时,容易在头脑中认为他的工作技术好、安全意识高;在看到一个其貌不扬、衣着邋遢的行车人员时,容易在头脑中形成他的技术不好、安全可能出问题的印象。另外,在对行车人员进行第一次安全检查得出的结论,容易在之后影响管理者对这个行车人员整体工作的判断。比如,一个行车人员第一次安全检查通过,管理者会认为这个行车人员安全规范没有问题,忽略对他之后的安全检查;另一个行车人员第一次安全检查没有通过,管理者会认为他的安全意识有问题,对他的行车作业安全存怀疑态度。

(二)近因效应

　　近因效应是指在社会交往过程中最近一次给对方留下的印象会影响整个判断。一般认为,与陌生人进行交往的时候,首因效应的影响作用更大;与熟悉的人进行交往的时候,近因效应的影响作用更大。如当你回忆一个熟悉的朋友时,浮现在脑海的是与他最近一次碰面的场景,这就是近因效应。

　　近因效应的优点在于这种效应在学习中格外明显,因为新近学习的材料容易把之前的学习材料进行覆盖。我们要对行车人员开展经常性的安全教育,尤其是抓住临近发生的重大安全事件,不断强调安全意识,做到警钟长鸣。

　　近因效应的缺点在于将最近一次的判断作为对一个人的整体判断,过于武断。管理者在进行安全检查时要对行车人员进行全面的、历史的、连贯的了解和分析,不能因为某一次的检查表现不佳就抹掉之前的努力和成绩,也不能因为某一次的检查优秀而掩盖不足之处。要将当期的检查结果放在整个检查档案中,客观综合地进行评价。

(三)晕轮效应

　　晕轮效应是指在社会交往中产生以偏概全、以点概面的主观印象。在进行知觉判断的时候,对方某个特别突出的特点会像太阳的光晕一样放大,掩盖住其他方面的特质,这种错觉就是晕轮效应。

　　晕轮效应的优点是可以将自己最好的一面展现在他人面前,在人际交往中多发挥优势,给对方好的印象。安全监督的管理者可以在工作过程中展现自己的人格魅力,为工作带来事半功倍的效果。例如亲和友善的管理者可以拉近与行车人员之间的人际距离,获得行车人员信任,方便更好了解他们的心理动态。

晕轮效应的缺点是知觉判断的表面性和片面性,致使判断过程不能深入、全面,带来错误的判断结果。在进行安全检查的过程中,管理者不能被光鲜亮丽的标语、海报以及整洁干净的环境所迷惑,更不要沉迷于过去的成绩和荣誉,要实事求是,开展深入、全面、细致的安全检查工作。

(四)暗示效应

暗示效应是指社会交往过程中一方用含蓄、抽象的方法对另一方的心理和行为产生的影响。一般而言,知觉简单的人比知觉复杂的人更容易受到暗示。教育过程经常会运用到暗示效应,如教师对学生的表扬鼓励就是一种暗示。许多文学影视作品会给人心灵的启迪,也是暗示效应在发挥作用。

暗示效应的优点是以非常自然的方式让对方接收到信息,按照设定的方向改变对方的行为和心理,比说服教育更有效果,也更容易被接受。安全监督的管理者可以通过竖大拇指、微笑、点头等身体语言,对行车人员的安全行为进行鼓励,可以增强行车人员的自信心、认同感和成就感。

暗示效应的缺点是很多时候,人的言语、动作都是下意识的,没有经过思考就产生了,一些负性的语句或动作会令对方产生消极情绪,将行为和心理引向错误的方向。安全监督的管理者要避免言语、行为上打击有安全问题的行车人员,有可能会打消他们工作的积极性和热情度,更不能将自身的情绪带到工作中,要时刻铭记谨言慎行。

心理小贴士 8-3

神奇的安慰剂效应

第二次世界大战期间,前线战事吃紧,大量严重受伤痛苦哀号的战士被送进战地医院,亨利·比彻(Henry Beecher)医生和他的护士,不得不给伤病员大剂量注射吗啡以缓解他们的痛苦。不过,伤员一批一批地往下送,库存的吗啡很快就告罄。比彻医生没办法,一咬牙,让护士给伤员注射生理盐水,并告诉病人,已经打了吗啡了,马上就不疼了。没想到,很多病人还真就不疼了,原本哀号的也不叫了。现在我们都知道,这是典型的安慰剂效应,也就是我们常说的心理作用。但是这件事,给当时的比彻医生留下了深刻的印象。从此之后,比彻医生便开始钻研到底是什么导致了这种现象。1955年,比彻医生发表了他历史性的论文《强效的安慰剂》。比彻医生认为,35%的病人,或多或少,都被安慰剂效应给影响了。

大量实验证明,安慰剂可以对肠易激综合征、膝关节炎、慢性疼痛、神经痛起到非常好的效果。其中的原因,可能是服用安慰剂后,大脑以为吃了真止痛片,就跟着一起分泌内啡肽帮助止痛。

现在一般认为,安慰剂效应就是只要给予病人心理暗示,病人就会相信有一定效果。

(资料来源:哔哩哔哩网)

三、建立具有针对性的行车安全心理教育管理

通过第4单元关于个性心理特征的学习,我们了解到每个人都有自己独特的能力、气质、性格。要想达到更有效的行车安全心理教育,管理者就一定要清楚不同行车人员的个性心理特征,并根据其特征提供有针对性的行车安全心理教育,真正做到"对症下药",方能"药到病除"。

(一) 针对不同能力的行车安全心理教育管理

按照能力的功能不同可以将能力分为认知能力、操作能力、社交能力。其中,认知能力与操作能力紧密联系,相互影响。刚入职的行车人员由于缺乏实践经验,已有的认知水平只建立在课本基础上,所以相对有经验的行车人员而言,他们的认知能力和操作能力薄弱一些,需要管理者对他们进行更多的行车安全心理教育。社交能力包含了言语沟通、判断决策、组织管理、处理意外事故的能力等。乘务员在日常工作中需要用到社交能力随时与调度员沟通,另外在遇到重大人生变故时社会支持也是帮助一个人渡过难关的重要力量,因此,社交能力对于行车人员非常重要。管理者可以通过社会交往问卷、人际交往能力、社会支持评定量表等筛选出社交能力较弱的行车人员,通过团队辅导、组织团建活动等方式提高这部分行车人员的社交能力。

(二) 针对不同气质的行车安全心理教育管理

按照体液占比的多少可以将气质分为胆汁质、黏液质、多血质、抑郁质。不同气质类型的人有着不同的行为表现,对于行车人员工作的职业适应性各有优势和劣势,管理者可以根据不同气质类型的行车人员制定不同的行车安全心理教育计划。多血质的人反应迅速,喜欢与人交往,兴趣容易转移,没有耐心,管理者可以为多血质的行车人员安排培养忍耐力的意志训练;胆汁质的人精力充沛,直率热情,情绪容易冲动、暴躁,管理者可以为胆汁质的行车人员安排情绪管理的相关课程;黏液质的人安静稳重,忍耐力强,反应缓慢,管理者可以为黏液质的行车人员安排提高反应速度的知觉训练;抑郁质的人敏感,善于觉察细节,不善交际,管理者可以为抑郁质的行车人员安排社交活动和沟通训练。

(三) 针对不同性格的行车安全心理教育管理

根据心理活动的倾向性可以将性格分为内向型和外向型。两种性格类型并无优劣之分,有各自的人格魅力,对于行车人员的职业适应性各有利弊,管理者要根据行车人员的性格特点进行有针对性的行车安全心理教育。外向型的人情感外露,善于交际,活泼开朗,容易受到外界的影响,为了追求社会

认同感有时不能坚持自己的观点,会跟随大众,管理者对于外向型的行车人员可以通过个体咨询和团体辅导,帮助他们内省,通过不断深入地了解自己的优缺点,改进自身,不断完善。内向型的人善于独立思考,踏实认真,注意力集中,观察细致,不善于与他人沟通交往,可能不合群,管理者对于内向型的行车人员可以增加他们与同事沟通的机会,教授沟通技巧,发展良好的人际关系。

实训

请完成实训8,见本教材配套实训工作页。

课后交流

1. 为什么要对列车行车人员进行职业适应性测试?
2. 简述安全心理教育档案包含的主要内容。
3. 简述如何针对列车行车人员的心理需要开展安全心理教育。
4. 简述行车安全心理素质的主要内容。
5. 简述如何培养行车安全心理素质。

参 考 文 献

[1] 彭聃龄.普通心理学[M].5 版.北京:北京师范大学出版社,2019.

[2] 侯玉波.社会心理学[M].4 版.北京:北京大学出版社,2020.

[3] 俞国良,李媛.心理健康教学参考书[M].北京:高等教育出版社,2009.

[4] 黄希庭.心理学导论[M].3 版.北京:人民教育出版社,2019.

[5] 孟祥虎,孙巧玲.城市轨道交通应急处理[M].北京:人民交通出版社股份有限公司,2015.

[6] 薛振洲,张哲,司全龙,等.机车行车安全心理学[M].成都:西南交通大学出版社,2018.

[7] 杨炎坤.行车安全心理[M].北京:中国铁道出版社,2016.

[8] 尹贻勤.安全心理学[M].北京:中国劳动社会保障出版社,2015.

[9] 樊富珉.团体辅导与危机心理干预[M].北京:机械工业出版社,2021.

[10] 苏颖,龙叶明,钱传贤.城市轨道交通心理学[M].成都:西南交通大学出版社,2016.

[11] 交通运输部职业资格中心(交通运输部职业技能鉴定指导中心).城市轨道交通列车司机(初级·中级·高级)[M].北京:人民交通出版社股份有限公司,2020.

[12] 傅小兰.情绪心理学[M].上海:华东师范大学出版社,2016.

[13] 朱振华.上海市地铁公共安全管理问题研究[D].上海:华东师范大学,2017.

[14] 肖娜.城市轨道交通信号维修人员疲劳风险管理研究[D].北京:北京交通大学,2019.

[15] 张梅.城市轨道交通应急站的选址应用研究[D].天津:天津大学,2018.

[16] 博文.未来城市轨道交通探索智慧感知客流[N].中国消费者报,2019.

[17] 陈忠.开放合作创新引领推进城市轨道交通高质量发展[N].中国交通报,2018.

[18] 胥旋,何理,李建.轨道交通运营安全评估技术现状与思考[J].劳动保护,2018(11):18-20.

[19] 王晟华.建设应急处置案例库　推进城市轨道交通安全信息化[J].现代职业安全,2018(07):41-42.

附录1　行车安全心理健康档案

姓名：_____　　　　　　　　　　　　　　　　出生日期：_____

文化程度：_____　　　　　　　工龄：_____　　　本岗位工龄：_____

健康状况

视力：　　　　　　　　　视野：　　　　　　　　　视适应：

听力：　　　　　　　　　色盲：　　　　　　　　　明适应：

病史：　　　　　　　　　血压：　　　　　　　　　暗适应：

血型：　　　　　　　　　饮酒习惯：　　　　克／周　吸烟量：　　　　支／日

心理状况

性格特点：　　　　　　　　　　　气质类型：

兴趣爱好：　　　　　　　　　　　反应能力：

心理需求：　　　　　　　　　　　工作满意度：

应激能力：

操作熟练技能：

安全状况

安全知识考试成绩：　　　　　　　违章情况：

发生事故或防止事故情况：　　　　安全奖惩情况：

时间分配

每班工作时间：　　　　　　　　　每周工作时间：

每月工作时间：　　　　　　　　　每月备班工作时间：

每周睡眠时间：　　　　　　　　　每周家务时间：

通勤时间：

续上表

作业量

每班平均作业量：　　　　　　　　　　　每周平均作业量：

每月平均作业量：　　　　　　　　　　　劳动定额：

工时定额：

工作环境

最高气温：　　　　　　　　　　　　　　最低气温：

气压：　　　　　　　　　　　　　　　　污染：

噪声：　　　　　　　　　　　　　　　　湿度：

照明：　　　　　　　　　　　　　　　　人际关系：

生物节律分析

危险期预告：　　　　　　　　　　　　　临界期预告：

低潮期预告：

生活变化分析统计

生活事件

1.爱人状况：　　　　　　　　　　　　　6.居住状况：

2.子女状况：　　　　　　　　　　　　　7.婚姻：

3.亲属状况：　　　　　　　　　　　　　8.休假

4.经济状况：　　　　　　　　　　　　　9.休息：

5.疾病：　　　　　　　　　　　　　　　10.人际关系：

心理分析

心理测验结果：　　　　　　　　　　　　职业适应性测试结果：

心理预测：　　　　　　　　　　　　　　心理对策：

心理干预过程：　　　　　　　　　　　　心理干预结果：

特殊情况分析

综合评价

附录2 "城市轨道交通行车安全心理学"课程参考标准

课程名称:城市轨道交通行车安全心理学。

适用专业:城市轨道车辆应用技术等相关专业。

一、前言

(一)课程定位

"城市轨道交通行车安全心理学"是城市轨道车辆应用技术专业等相关专业的拓展课程。该课程旨在使学生树立良好的行车安全理念,掌握心理学的知识和人际沟通、自我调整的基本技能,提升车辆运行的综合职业能力,为今后从事城市轨道交通行车安全和相关管理工作打下良好的基础。

(二)课程目标

通过该课程的学习,掌握城市轨道交通行车安全心理学的基本知识和基本技能,能够恰当运用人际沟通技巧,有效应对行车中自身心理和行为变化;能够运用管理心理学技巧提升团队合作能力。

培养学生正确的职业观和职业精神,提高职业道德,强化职业意识,塑造职业性格,为提升学生的综合职业能力和服务水平打好基础。

(三)课程设计

1. 设计思路

根据城市轨道交通对技术技能人才的要求,课程应突出职业素质,夯实专业基础,增强专业教学的理论性、适用性、实践性,构建应用性和实践性为特点的课程教学体系。在教学组织上,根据该课程理论性与实践性相结合的特点,坚持"实际、实用、实践"原则,合理组织教学全过程,根据教学内容特点,将理论教学与实践教学有机结合。在教学中,还要加强和其他课程的联系,培养学生的横向思维和发散思维,提高学生综合应用知识的能力。

2. 课程的重点、难点及解决办法

课程重点:了解基础心理学以及心理学基础知识在城市轨道交通行车安全中的应用;掌握行车安全相关人员的行为心理及心理调适并掌握心理救援的技巧;认识自我并进行心理保健;提升团队合作意识,心理调节能力。

课程难点:缺少与事故救援的场景复现,课程实践性有待加强。

解决办法:要着力聚焦课程理论与现场实际的关联性,采用先进的教学手段,如多方收集和利用实际行车安全事故案例的图片和视频,在教学中开展角色扮演等方式,以提高教学场景的直观性、动态性,便于学生理解掌握、融会贯通。

二、课程内容和要求

(1)教学时间安排:___36___学时。

(2)学习组织形式与方法:

教学模式:教学做一体。

实施地点:多媒体教室。

教学手段:多媒体教学。

教学方法:案例教学、情景模拟教学、小组合作、教师引导与学生自主研讨相结合。

(3)学业评价:

评价原则:过程性评价为主。

过程评价(平时成绩)分为优秀(85 分以上)、良好(75 ~ 84)、及格(60 ~ 74)、不及格(59 分以下)四个等级打分,占终结评价的 60% 。

期末书面闭卷考试占终结评价 40% 。在试卷中对能力层次要求控制的分数比例原则是:识记 20% ,领会 20% ,简单应用 35% ,综合应用 25% 。试卷中各能力层次易、中、难的比例大致控制在 15:70:15 的幅度内。

三、教学条件

(一)教师团队及职业背景

教师团队由校内具备专业能力的教师组成。

(二)教学设施

除常规教学设备条件外,为了加深对课堂教学内容的理解,可以在图书馆、电子阅览室查阅相关资料,充分利用校内外企业资源,进行产学合作,实践“工学”交替。

四、实施建议

(一)教材选取

《城市轨道交通行车安全心理学(含实训工作页)》,人民交通出版社股份有限公司出版,徐胜南、李坤妃主编,ISBN 978-7-114-17903-7。

(二)教学建议

1. 掌握行业服务标准,在教学中体现行业的最新成果

在有条件的情况下,课程计划中应包括到轨道交通企业参观和聘请相关专家来学校进行专题讲座的环节,通过这种方式让学生能够了解到轨道交通企业如何做好行车安全工作,使教学与企业业务不脱节,同时贴近学生未来可能的就业岗位,有利于提高学生学习热情。

2. 教师深入现场,熟悉工作实际

城市轨道交通车辆技术专业是一门实践性很强的专业,要求专业教师必须熟悉现场实际

情景,教学才能讲解生动,丰富讲授内容,做到理论联系实际。因此,课程组教师无论是带领学生现场参观、实习,还是进行科研调研,都要十分注意观察学习,多了解实际工作情况。深入现场把有用的材料、图片搜集回来,编入到电子课件中,以此取得好的直观教学效果。

(三)课程资源的开发与利用

积极开发和利用网络课程资源,充分利用诸如电子书籍、电子期刊、数据库、数字图书馆、教育网站和电子论坛等网上信息资源,建立多媒体课程资源的数据库,努力实现跨学校多媒体资源的共享,以提高课程资源利用效率。

(四)其他说明

本课程计划安排 36 学时,教师可以根据学生自身基础及学习能力做适当调整,不断更新课程资源,课程内容应密切结合现场实际及时更新。

城市轨道交通行车安全心理学（含实训工作页）
CHENGSHI GUIDAO JIAOTONG XINGCHE ANQUAN XINLIXUE (HAN SHIXUN GONGZOUYE)

实训1 调研城市轨道交通行车岗位规范

班级		姓名		学号	
学习小组		组长		日期	
任务描述	通过网络自主学习、现场实际等方式,了解城市轨道交通行车岗位规范与职责。通过学习了解、掌握城市轨道交通乘务员的主要工作内容。				
任务目标	1.了解城市轨道交通行车岗位职责。 2.掌握城市轨道交通行车岗位工作规范。 3.掌握城市轨道交通乘务员主要工作内容。				
任务准备	1.借助网络,在线收集城市轨道交通行车岗位职责、规范等。 2.深入城市轨道交通企业,调研乘务员主要工作内容。 3.适当分组以便互相讨论交流、巩固掌握。				

任务实施

一、制订计划

以小组为单位,调研所在城市轨道交通行车岗位工作规范,并进行情境选取和设置,结合 PPT 进行讲解、说明和人员的模拟展示。

操作流程		
序号	作业项目	操作要点

计划审核

审核意见:

签字:
年　月　日

续上表

任务实施	二、根据作业计划,完成小组成员任务分工						
	操作人			记录员			
	监护人			展示员			
	作业注意事项						
	1.学生外出调查时必须提前向老师报备,然后小组结伴出行。 2.学生在查询记录城市轨道交通行车岗位情况时注意出处来源。 3.外出调研在车站要服从地铁工作人员的要求和规范。						
	借用设备、工具、材料						
	序号	名称		数量		清点	
						□已清点	
						□已清点	
						□已清点	

任务评价	一、组长评价						
	评价内容	A	B	C	D	E	得分
	实训态度认真	25	21	18	15	不合格	
	作业过程完整	25	21	18	15	不合格	
	场地恢复整齐	30	25	22	18	不合格	
	其他异常情况	20	17	15	12	不合格	
	总分						
	二、教师评价						
	评价内容	A	B	C	D	E	得分
	知识水平程度	25	21	18	15	不合格	
	作业计划合理	25	21	18	15	不合格	
	实训过程完整	30	25	22	18	不合格	
	其他异常情况	20	17	15	12	不合格	
	总分						

三、自我评价

总结与反思:＿＿＿＿＿＿＿＿＿＿＿＿＿＿＿＿＿＿＿＿＿＿＿＿＿

＿＿＿＿＿＿＿＿＿＿＿＿＿＿＿＿＿＿＿＿＿＿＿＿＿＿＿＿＿＿＿＿＿

自我成绩评定:＿＿＿＿＿＿＿＿＿＿＿＿＿＿＿＿＿＿＿＿＿＿＿＿＿

＿＿＿＿＿＿＿＿＿＿＿＿＿＿＿＿＿＿＿＿＿＿＿＿＿＿＿＿＿＿＿＿＿

任务成绩	

实训 2　探索心理现象对安全行车的影响

班级		姓名		学号	
学习小组		组长		日期	

任务描述	以小组为单位,根据以下情境或自定义情境进行角色扮演,在模拟演练的过程中分析行车人员行为背后的心理现象,探索心理现象对安全行车的影响。 　1.实训情境 　某年某月某日,某地铁列车正线运营,司机在驾驶列车进站过程中遇前方进路有异物入侵,由于事发突然,司机未能及时制动,导致列车撞上异物发生事故。 　2.实训要求 　实训设备:地铁模拟驾驶实训设备(教师机、学生模拟驾驶台)。 　实训环境:"异物入侵"由教师在教师机"故障注入"等模块进行操作,学生按照地铁列车驾驶标准作业流程模拟驾驶。 　3.模拟演练 　(1)学生分组进行角色扮演,模拟上述事故案例场景,并在演练过程中分析地铁司机在驾驶过程中的心理状态。 　(2)由学生自行设定列车运行过程中的不同场景,模拟地铁司机驾驶列车,思考不同的心理现象对安全行车的影响。
任务目标	1.了解城市轨道交通行车人员的心理现象。 2.掌握城市轨道交通行车人员心理现象与安全行车的关系。
任务准备	问题引导 　1.想一想:城市轨道交通行车人员的哪些心理现象会影响行车安全? 　2.说一说:城市轨道交通每日列车运行的过程是怎样的? 在列车运行过程中可能会遇到哪些特定的场景? 　3.议一议:城市轨道交通行车人员每日列车运行过程中保证行车安全的工作有哪些?

任务实施	一、制订案例场景模拟演示方案

序号	模拟演示方案

续上表

任务实施	二、完成小组成员任务分工				
	姓名	任务		姓名	任务
	三、完成场景模拟角色扮演任务				

任务评价	一、组长评价						
	评价内容	A	B	C	D	E	得分
	实训态度认真	25	21	18	15	不合格	
	实训积极参与	25	21	18	15	不合格	
	模拟程序规范	30	25	22	18	不合格	
	其他异常情况	20	17	15	12	不合格	
	总分						
	二、教师评价						
	评价内容	A	B	C	D	E	得分
	知识水平程度	25	21	18	15	不合格	
	实训过程完整	25	21	18	15	不合格	
	演练模拟准确	30	25	22	18	不合格	
	其他异常情况	20	17	15	12	不合格	
	总分						

三、自我评价

总结与反思：_____

_____

自我成绩评定：_____

_____

任务成绩	

实训3 研究心理过程对安全行为的影响

班级		姓名		学号	
学习小组		组长		日期	

任务描述	以小组为单位,根据以下情境(或自行设计情境)进行角色扮演,利用实训设备模拟驾驶,完成以下实训内容。 　　1.实训情境 　　某年某月某日,某线路城市轨道交通正线运营,司机室配备两名司机,一人采用 RM 人工驾驶模式手动驾驶列车,一人见习。列车在区间隧道运行过程中遇突发情况(如前方有人卧轨、前方有障碍物需紧急停车、前方信号机亮红灯、前方车站火灾、大客流等),司机与控制指挥中心行车调度员利用无线电台进行沟通联络,保证行车安全。 　　2.模拟体验 　　(1)模拟司机行车过程中的"手指、眼看、嘴呼唤"标准作业流程。 　　(2)当列车遇突发情况时,体验司机的心理过程与应急处理方法。 　　3.制定合理的心理训练方案,依照方案训练个人的感觉、知觉、记忆、思维、注意力和情绪。
任务目标	1.理解人的心理过程对安全行为的影响因素。 2.学会心理训练方法,提高个人心理素质。
任务准备	问题导引 1.想一想:影响城市轨道交通行车安全的司机的心理特征包括哪些? 2.说一说:司机行车过程中的"手指、眼看、嘴呼唤"作业流程。 3.议一议:怎样提高司机的感觉、知觉、记忆、思维、注意力和情绪。
任务实施	一、制订模拟驾驶作业和心理训练方案 序号　模拟演练方案 （表格空行） 方案审核意见 签字: 　　年　月　日

续上表

任务实施	二、完成小组成员分工						
	司机 1			司机 2			
	行车调度员 1			行车调度员 2			
	三、完成角色扮演任务						

一、组长评价

评价内容	A	B	C	D	E	得分
实训态度认真	30	18	15	12	未达标	
模拟动作规范	30	18	15	12	未达标	
训练方案明确	20	17	15	12	未达标	
其他异常情况	20	17	15	12	未达标	
总分						

二、教师评价

评价内容	A	B	C	D	E	得分
知识水平程度	30	21	18	15	未达标	
方案设置合理	30	21	18	15	未达标	
实训过程完整	20	25	22	18	未达标	
其他异常情况	20	17	15	12	未达标	
总分						

三、自我评价

总结与反思：_____

_____

_____

成绩自我评定：_____

_____

_____

任务成绩

实训4　了解个性心理特征,确保行车安全

班级		姓名		学号	
学习小组		组长		日期	

任务描述	通过前面章节的性格气质类型特征比对进行分组,按照胆汁质、多血质、黏液质、抑郁质将学生分为四组,以小组为单位利用模拟驾驶实训设备,完成以下实训内容。 1.实训情境 　某年某月某日,地铁司机将要出乘投入到正线运营工作中,在出乘前应按照相关管理办法、操作指南、司机手册等要求做好运营前的准备工作。首先,司机在库内动车四确认,即确认股道、列车及接触网送电情况,确认两侧及地沟无人或无障碍物侵入限界,确认前方进路无人或无障碍物侵入限界,确认司机室无"禁动牌"标志,确认驾驶台电气控制屏各开关位置正常;然后按《列车检查作业标准》做好列车静态检查和动态测试,完成投入蓄电池、激活头车、控制受电弓、启动辅助电源、启动空气压缩机、牵引、制动控制等一系列操作。 2.模拟体验 (1)模拟地铁司机出库作业前的准备确认及列车静态检查和测试工作。 (2)模拟列车正线运行时司机自动驾驶列车和人工驾驶列车操作。 3.了解学习乘务员选拔能力考察标准,制定合理的方案训练个人的双手协调能力、抗压能力、抗干扰能力、反应能力、注意能力、视觉能力等,克服自身不足,发展自己的长处和优势。
任务目标	1.理解人的个性心理特征对行车安全的影响。 2.了解乘务员选拔能力考察标准,有针对性地进行个人能力训练。
任务准备	问题导引 1.想一想:城市轨道交通列车出库作业准备工作及列车静态检查和测试工作有哪些? 2.说一说:司机自动驾驶列车和人工驾驶列车过程中有哪些注意事项? 3.议一议:乘务员选拔能力考察要项有哪些?

一、制订模拟驾驶作业和个人能力训练方案

序号	模拟演练方案

方案审核意见　　　　　　　　签字:
年　月　日

续上表

任务实施	二、完成小组成员分工						
	乘务员 1			乘务员 2			
	乘务员 3			乘务员 4			
	三、完成角色扮演任务						

任务评价	一、组长评价						
	评价内容	A	B	C	D	E	得分
	实训态度认真	30	18	15	12	未达标	
	驾驶操作规范	30	18	15	12	未达标	
	训练效果显著	20	17	15	12	未达标	
	其他异常情况	20	17	15	12	未达标	
	总分						
	二、教师评价						
	评价内容	A	B	C	D	E	得分
	知识水平程度	30	21	18	15	未达标	
	方案设置合理	30	21	18	15	未达标	
	实训过程完整	20	25	22	18	未达标	
	其他异常情况	20	17	15	12	未达标	
	总分						
	三、自我评价 总结与反思：_____ _____ _____ 成绩自我评定：_____ _____ _____						

任务成绩							

实训 5　增强群体凝聚力,保证城市轨道交通行车安全

班级		姓名		学号	
学习小组		组长		日期	

任务描述	拓展活动——无轨列车 　　一支考古探险小分队,在深山中发现上古时的一座山洞。据传说里面有神奇的宝藏,可要进入必须先通过一片"神秘"沼泽的考验。 　　所有队员的左右脚都分别站在左右两块木板上,在身体的任何部位不接触地面的情况下,依靠全队的力量,齐心协力从起点抵达终点。寓意着团队融为一体,像火车一样奋勇前进。本拓展项目需要使用两块长 5~8 米,安装有 10 组提绳的长条木板,要求小组成员左右脚分别站在长条木板上并手握提绳,然后开始行走一定的距离。
任务目标	1.锻炼学生统一配合和协调性,明白凝聚力对于解决问题的重要性。 2.感受个人目标有赖于群体目标实现,懂得命令统一很关键。
任务准备	问题导引 1.群体心理有哪些主要特征? 2.如何做好群体沟通? 3.群体凝聚力对城市轨道交通安全行车有哪些影响?

<table>
<tr><td rowspan="3">任务实施</td><td colspan="3">一、制订拓展活动——无轨列车的活动方案</td></tr>
<tr><td>序号</td><td>组队成员</td><td>活动方案</td></tr>
<tr><td></td><td></td><td></td></tr>
</table>

方案审核意见	
	签字: 　　　年　月　日

续上表

<table>
<tr><td rowspan="9">任务实施</td><td colspan="7">二、完成小组成员任务分工</td></tr>
<tr><td colspan="2">姓名</td><td colspan="2">任务</td><td colspan="2">姓名</td><td>任务</td></tr>
<tr><td colspan="2"></td><td colspan="2"></td><td colspan="2"></td><td></td></tr>
<tr><td colspan="2"></td><td colspan="2"></td><td colspan="2"></td><td></td></tr>
<tr><td colspan="2"></td><td colspan="2"></td><td colspan="2"></td><td></td></tr>
<tr><td colspan="2"></td><td colspan="2"></td><td colspan="2"></td><td></td></tr>
<tr><td colspan="2"></td><td colspan="2"></td><td colspan="2"></td><td></td></tr>
<tr><td colspan="2"></td><td colspan="2"></td><td colspan="2"></td><td></td></tr>
<tr><td colspan="7">三、完成拓展活动——无轨列车</td></tr>
<tr><td rowspan="16">任务评价</td><td colspan="7">一、组长评价</td></tr>
<tr><td>评价内容</td><td>A</td><td>B</td><td>C</td><td>D</td><td>E</td><td>得分</td></tr>
<tr><td>态度认真</td><td>30</td><td>18</td><td>15</td><td>12</td><td>未达标</td><td></td></tr>
<tr><td>齐心协力</td><td>30</td><td>18</td><td>15</td><td>12</td><td>未达标</td><td></td></tr>
<tr><td>服从指挥</td><td>20</td><td>17</td><td>15</td><td>12</td><td>未达标</td><td></td></tr>
<tr><td>其他异常情况</td><td>20</td><td>17</td><td>15</td><td>12</td><td>未达标</td><td></td></tr>
<tr><td colspan="6">总分</td><td></td></tr>
<tr><td colspan="7">二、教师评价</td></tr>
<tr><td>评价内容</td><td>A</td><td>B</td><td>C</td><td>D</td><td>E</td><td>得分</td></tr>
<tr><td>活动过程完整</td><td>30</td><td>18</td><td>15</td><td>12</td><td>未达标</td><td></td></tr>
<tr><td>成员默契度高</td><td>30</td><td>18</td><td>15</td><td>12</td><td>未达标</td><td></td></tr>
<tr><td>规则意识强</td><td>20</td><td>17</td><td>15</td><td>12</td><td>未达标</td><td></td></tr>
<tr><td>其他异常情况</td><td>20</td><td>17</td><td>15</td><td>12</td><td>未达标</td><td></td></tr>
<tr><td colspan="6">总分</td><td></td></tr>
<tr><td colspan="7">三、自我评价
总结与反思：____________________
____
成绩自我评定：____________________
____________________</td></tr>
<tr><td>任务成绩</td><td colspan="7"></td></tr>
</table>

实训 6　行车中不安全行为的心理分析

班级		姓名		学号	
学习小组		组长		日期	
任务描述					
任务目标					
任务准备					
任务实施					

任务描述

　　以小组为单位,根据以下实训情境利用模拟驾驶实训设备进行模拟演练,分析行车过程中不安全行为的心理因素,理解标准化作业对行车安全管理的重要性。

　　1.实训情境

　　某年某月某日,某地铁 10209 次司机值乘列车以 ATO 模式进站时,接到行车调度命令:司机转 PM 模式进站对标,对标停稳后在 PM 模式复位 VOBC 后再开门作业,司机复诵并执行行调命令(行车调度员发布命令后,改名司机的队长立即对其进行了提醒,要求其注意开关按钮,执行操作开关按钮程序后再进行操作)。

　　列车对标停稳后,司机打开设备柜在复位时没有执行手指口呼,错误按压了 MVB 按钮,导致列车车辆屏出现了黑屏,列车启动电机自检程序,无法动车。10:28 列车电机自检完毕,列车恢复正常,司机恢复列车各项设备,10:29 司机尝试动车,正常驶出车站。受此影响该趟列车延误近 4min。

　　2.模拟演练

　　(1)小组同学扮演地铁司机、行车调度员等角色,模拟演练上述实训情境中的地铁司机的不安全行为。

　　(2)学生根据现场演练情况分析导致事故发生的地铁司机心理原因,教师针对此类安全事故进行安全教育,进一步提高学生安全、标准化作业和服务意识。

任务目标

　　1.加深理解不安全行为产生的心理机制。
　　2.通过模拟演练了解司机标准化作业对行车安全管理的重要性。

任务准备

　　问题引导
　　1.想一想:城市轨道交通不安全行车行为有哪些?
　　2.说一说:城市轨道交通不安全行车行为产生的心理原因有哪些?
　　3.议一议:如何对城市轨道交通不安全行车行为进行有效的生理、心理干预控制?

任务实施

　　一、制订模拟演练计划

序号	模拟演练计划

续上表

任务实施	二、根据作业计划，完成小组成员任务分工					
	成员姓名			任务角色		
	任务实施注意事项					
	三、完成模拟演练任务					

任务评价	一、组长评价						
	评价内容	A	B	C	D	E	得分
	实训态度认真	25	21	18	15	不合格	
	实训积极参与	25	21	18	15	不合格	
	模拟程序规范	30	25	22	18	不合格	
	其他异常情况	20	17	15	12	不合格	
	总分						
	二、教师评价						
	评价内容	A	B	C	D	E	得分
	知识水平程度	25	21	18	15	不合格	
	小组成员参与度	25	21	18	15	不合格	
	实训过程完整度	30	25	22	18	不合格	
	其他异常情况	20	17	15	12	不合格	
	总分						
	三、自我评价 总结与反思：_____ _____ 自我成绩评定：_____ _____						

任务成绩	

实训 7-1 心理舒缓与放松训练

班级		姓名		学号	
学习小组		组长		日期	

任务描述	知识要点——放松疗法 　　放松疗法是一种通过训练有意识地控制自身的心理生理活动水平来建立轻松的心理状态或使心理紊乱得以矫正的技术。像印度的瑜伽术等,都是以放松为主要目的的自我控制训练。现代放松训练的实际应用一般是指通过肌肉放松而达到心理舒缓的方法,"渐进性肌肉放松训练"是其代表性方法。这种训练最多可涉及60组不同的肌肉,从手到头,从头到脚一组一组地使其逐渐地有序地进行放松。其训练程序基本上是使各肌肉群先紧张再放松,使学会区分肌肉紧张与放松的感受。
任务目标	1.掌握渐进式放松训练的基本原理和作用。 2.渐进式放松技术的实际训练,通过集体讲解示范训练和分组多次重复训练相结合,掌握要领和方法。
任务准备	1.场地准备。要求环境安静,座椅舒适。 2.准备播放背景音乐的设备和音频资料。 3.适当分组以便互相训练、巩固掌握。 一般指导语 "我现在来教大家怎么使自己放松。为了做到这一点,我将让你先紧张,然后放松全身肌肉。紧张及放松的意义在于使你体验到放松的感觉,从而学会如何保持松弛的感觉。"
任务实施	一、制订拓展活动——放松疗法活动方案 表格:序号 / 组队成员 / 活动方案 方案审核意见 签字: 年　月　日

续上表

任务实施	二、完成小组成员任务分工				
	姓名	任务		姓名	任务

任务评价

一、组长评价

评价内容	A	B	C	D	E	得分
态度认真	30	18	15	12	未达标	
齐心协力	30	18	15	12	未达标	
服从指挥	20	17	15	12	未达标	
其他异常情况	20	17	15	12	未达标	
总分						

二、教师评价

评价内容	A	B	C	D	E	得分
活动过程完整	30	18	15	12	未达标	
成员默契度高	30	18	15	12	未达标	
规则意识强	20	17	15	12	未达标	
其他异常情况	20	17	15	12	未达标	
总分						

三、自我评价
总结与反思：＿＿＿＿＿＿＿＿＿＿＿＿＿＿＿＿＿＿＿＿＿

成绩自我评定：＿＿＿＿＿＿＿＿＿＿＿＿＿＿＿＿＿

任务成绩

实训 7-2 基本心理健康调适技能的应用

班级		姓名		学号	
学习小组		组长		日期	

任务描述	请同学们以小组为单位,根据以下情境进行角色扮演。 情境:毕业后,小张、小王、小李、小赵四名同学不期而遇,小张成为了北京地铁的乘务员,刚开始,他们对自己的职业充满了向往,然而 5 年后,他们各自的生活好像都不像想象中的那么美好。尤其是小张对枯燥又颇有压力的乘务员工作烦恼不已……小王、小李、小赵又该如何帮助小张呢? 模拟体验: (1)模拟小张、小王、小李、小赵工作 5 年后的生活和心理状态,体会面对压力和职业倦怠时的情绪、身体感受和认知。 (2)试着使用本单元所学心理调适技能或者其他你认为有效的方法来帮助小张。
任务目标	1.结合工作和生活情境,加深学生对压力和职业倦怠的认识。 2.强化心理健康管理意识,学习使用心理调适技能。
任务准备	1.认真学习本章内容,也可借助网络,收集心理调适的技能。 2.深入城市轨道交通企业,调研乘务员主要工作内容。 3.分组讨论交流、角色分配扮演。

任务实施	一、制订任务计划 1.脚本的编写 (1)剧本内容清晰、合理。 (2)角色对话生动、形象、有针对性。 2.角色的分配与扮演 (1)小组全员参与,合理分配角色。 (2)角色扮演形象、生动。 3.恰当运用心理疏导的技能 (1)能够使用本章心理调适的方法。 (2)心理调适技能应用合理、恰当。 (3)通过资料查阅,能恰当拓展章节内没有介绍到的其他心理调适技巧。 二、完成小组成员任务分工

姓名	任务	姓名	任务

续上表

	三、组长评价						
任务实施	评价内容	A	B	C	D	E	得分
	态度认真	30	18	15	12	未达标	
	齐心协力	30	18	15	12	未达标	
	服从指挥	20	17	15	12	未达标	
	其他异常情况	20	17	15	12	未达标	
	总分						

	四、教师评价						
任务评价	评价内容	A	B	C	D	E	得分
	活动过程完整	30	18	15	12	未达标	
	成员默契度高	30	18	15	12	未达标	
	规则意识强	20	17	15	12	未达标	
	其他异常情况	20	17	15	12	未达标	
	总分						

五、自我评价
总结与反思：_____

成绩自我评定：_____

任务成绩	

实训8 常用安全心理测量仪器的使用

班级		姓名		学号	
学习小组		组长		日期	
任务描述	请同学们通过网络、书籍、实地考察等方式,了解目前常用的安全心理测量仪器,并且分析常用安全心理测量仪器在城市轨道交通行车安全心理教育中的可行性,制作 ppt 供课堂讨论和参考。				
任务目标	1.了解常用的安全心理测量仪器。 2.掌握安全心理测量仪器在城市轨道交通行车安全心理教育中的有效性。				
任务准备	1.借助网络、书籍等资料,了解安全心理测量仪器都有哪些。 2.适当分组以便互相讨论交流、巩固掌握。				

一、资料收集整理,分析安全心理测量仪器的信效度。
二、完成小组成员任务分工。

姓名	任务	姓名	任务

任务实施

三、去往城市轨道交通实地考察,了解安全心理测量仪器实际操作的可行性和有效性。
四、制作 ppt,完成课堂展示。

任务评价

一、组长评价

评价内容	A	B	C	D	E	得分
实训态度认真	25	21	18	15	不合格	
资料收集参与	25	21	18	15	不合格	
实地考察参与	30	25	22	18	不合格	
ppt 制作参与	20	17	15	12	不合格	
总分						

续上表

	二、教师评价						
	评价内容	A	B	C	D	E	得分
	小组参与平均	25	21	18	15	不合格	
	资料收集全面	25	21	18	15	不合格	
	实地考察到位	30	25	22	18	不合格	
	ppt 制作精美	20	17	15	12	不合格	
任务评价	总分						
	三、自我评价 总结与反思： _____ _____ _____ _____ _____ _____ _____ _____ _____ 成绩自我评定： _____ _____ _____ _____ _____ _____ _____ _____ _____ _____ _____						
任务成绩							